종이화폐에서 탈출하라

달러의 몰락과
블록체인 기술,
비트코인이 만드는
부의 기회

INVEST IN BITCOIN

종이화폐에서 탈출하라

서대호 지음

반니

추천의 글

　블록체인 기술과 화폐의 역사에 대한 깊은 이해와 분석이 느껴지는 책이다. 비트코인, 블록체인 기술이 필요한 이유를 쉽고 상세하게 설명해준다. 블록체인 생태계에 조금이라도 관심이 있는 사람부터 해당 분야의 트렌드를 알고 싶은 사람, 비트코인의 본질적 가치에 대해서 알고 싶은 이들에게 권한다.

- 정찬형, 한국투자신탁운용 전 부회장

　주조화폐, 종이화폐, 디지털화폐로 이어지는 진화의 맥락에서 비트코인의 탄생과 미래를 전문가적 식견으로 조망하고 있다. 글로벌 금융 위기의 전환기에서 탈중앙화를 기치로 내건 비트코인이 갖는 의미와 잠재력을 짚고, 분산원장 기술, 합의 알고리즘, 스마트 컨트랙트 등 블록체인의 근간이 되는 개념을 명쾌하게 설명한다.

- 이춘화, 한양대 컴퓨터소프트웨어학과 교수

블록체인 기술의 핵심 원리들을 정확하게 짚으면서, 화폐 경제학의 역사까지 재미있게 풀어준다. 누구나 쉽게 접근할 수 있는 책이다.

— 이욱, 한양대 정보시스템학과 교수

핀테크 시대의 흐름에 맞추어 블록체인 분야에 대한 거시적인 관점과, 깊은 통찰력이 담긴 세밀한 분석까지 담겨있다. 암호화폐 투자의 초심자부터 전문가까지 모두에게 큰 인사이트를 제공한다.

— 이준현, 특허법인 다래 변리사

현금의 종말 이후, 새로운 돈의 세계를 준비하라!

조개 화폐에서 비트코인에 이르기까지, 돈의 역사는 물리적 형태에서 추상적 형태로 나아간다. 이 책은 더욱더 추상적으로 변해가는 돈이라는 개념에 명확한 형태를 부여할 뿐만 아니라, 곧 불어닥칠 새로운 부의 물줄기를 명쾌하게 설명해준다. AI 빅데이터 전문가의 전문성과 통찰력이 탁월하게 빛나는 책이다.

— 신성권, 《4차 산업혁명과 인공지능》 저자

차례

추천의 글 · 4
들어가며 · 8

1장. 무한정 계속 찍어대는 종이화폐

초인플레이션을 겪는 국가들 · 14
화폐의 등장과 발전 · 23
금 태환 금지 · 32
종이화폐는 절대로 지속되지 못한다 · 40
달러도 믿지 못한다 · 48

2장. 종이화폐의 문제

종이화폐는 당신의 자산을 지켜주지 못한다 · 62
종이화폐는 경제위기에 취약하다 · 71
위조에 취약한 종이화폐 · 80
디지털화폐의 등장과 문제점, 현황 · 88

3장. 비트코인의 등장

2008년 글로벌 금융위기와 그 불만, 비트코인의 등장 · 98
피자데이 · 105
금과 비트코인 · 113
해킹이 불가능한 비트코인 · 122
비트코인 채굴에 대한 이해 · 133

4장. 블록체인 기술

블록체인과 분산 원장 기술 • 142
비잔틴 장군 문제 • 151
작업 증명 vs 지분 증명 • 160
스마트 컨트랙트 • 167
미래를 바꿀 블록체인 기술 • 177

5장. 비트코인과 알트코인 투자

반감기에 따라 기하급수적으로 증가하는 비트코인 가치 • 186
1비트코인 = 100억 이상 • 196
FOMO와 FUD에 담대해지기 • 206
현명한 알트코인 투자방법 • 218
주식·부동산을 능가하는 가장 큰 투자 기회, 비트코인 • 224
급변하는 세계 정세에 대응할 수 있는 비트코인 • 233
지금 당장 비트코인 투자를 시작하라 • 241

사진 출처 • 250

들어가며

비트코인으로 달러 이후를 준비하라

2020년 코로나19 발발 이후 미국을 중심으로 각국이 화폐를 마구 발행하면서 부동산, 주식, 암호화폐 가격이 천정부지로 올랐었다. 당시에 가장 유행했던 용어가 '벼락거지'로, 가만히 현금만 지니고 있다가는 자산가격의 상승이 워낙 빨라 상대적으로 거지가 된다는 뜻의 신조어였다.

특히 그 당시 기준금리가 거의 제로에 가까웠기에 너도나도 빚을 내서 부동산, 주식, 암호화폐에 투자했다. 사회초년생에 가까운 필자의 친구들도 다들 빚을 지고 투자를 해 몇 달 만에 몇 억을 벌었다고 자랑을 했다. 근로소득이 거의 의미가 없어지고, 일해서 번 돈은 은행 빚 이자를 충당하는 정도로 전락하게 되었다. 분명 정상적인 상황이 아니었고, 주변 사람들 모두가 무엇에 투자했든 돈을 벌고 있어서 시장에 거품이 끼었다고 볼 수밖에 없었다. 곧 코로나가 진정되고 기준금리를 올리기 시작하면서 자산시장에 끼었던 거품이 사라졌고, 투자로 단기간에 돈을 벌었다고 자랑했던 친구들 대부분이 손실을 보게 되었다.

비슷한 경제적 이슈가 2008년 리먼브라더스 사태, 2000년 전후 닷컴버블 때에도 나타났었다. 화폐 발행량이 증가하고 기준금리가 낮아지면서 자산에 거품이 끼고 너도나도 자산 투자로 돈을 벌기 시작했고, 거품이 가라앉으면서 늦게 투자에 동참한 대부분의 서민들은 손실을 보았다. 이런 일을 이른바 '양털깎기 방식'으로 약 10년 내외에 한 번씩 발생하지만 서민들은 항상 똑같은 방식으로 당한다. 화폐 발행이 증가하고 금리가 하락하면서 뉴스에서 자산가치 상승을 떠들어대면 현금만 보유한 입장에서는 상대적 박탈감을 느끼고 늦게나마 자산 투자에 동참하게 된다. 하지만 서민들이 들어가는 순간 역시나 언제나처럼 거품이 꺼지기 마련이다.

영원할 수 없는 기축통화국

화폐는 고대부터 경제를 지탱하기 위한 필수 수단이었으

며 늘 비슷한 변천사를 보여왔다. 초기에는 금, 은, 조개껍데기 등의 희소하고 귀한 물질을 화폐로 썼다. 이것이 이른바 경화Hard currency인데, 이런 경화는 구하기 어렵기 때문에 국가 입장에서는 각종 비용을 훨씬 쉽게 충당하기 위해서 새로운 화폐를 찾았다. 예를 들어 금, 은의 순도를 낮추거나 마구 발행이 가능한 종이로 화폐를 발행하게 된다. 한번 그 맛에 빠지게 되면 화폐를 발행하는 속도가 임계값을 넘어서게 되고, 생산을 통해 경제를 창조하기보다는 단순히 화폐 발행을 통해 경제를 지탱하려 한다. 그러다가 결국 국가 패망에 이르는 것이다. 고대 로마부터 현대사회의 베네수엘라, 아르헨티나가 비슷한 경우이다.

미국이 발행하는 달러는 1971년 금본위제를 폐지하게 되면서 더 이상 경화가 아닌 단순한 종이로 전락하게 되었고, 그 이후 화폐 발행량이 급격히 늘었다. 미국의 무역수지는 매년 적자이지만 기축통화국이라는 지위를 활용하여 달러의 무제한 발행을 통해 경제를 지탱하고 있다. 국가 부채는 매년 늘어나고 있지만 단지 달러를 발행해서 버티기 작전에 들어가고 있으며 경제가 어려워지면 기준금리를 낮추어 경제를 활성화 시킨다.

미국 경제를 편하게 지탱하기 위한 금융정책에 따라 자산 가격에 거품이 끼었다가 빠지기를 주기적으로 반복하고, 이에 따라 서민들은 항상 피해를 보게 된다. 각국의 외환 보유고 중 달러의 비중은 점차 낮아지고 있으며 이는 달러의 지위, 권위가 점점 줄어들고 있음을 방증한다. 긴 역사를 볼 때, 세계 제1의 강대국이 영원한 적은 없었다. 미국도 영원히 그 지위를 영위하기는 어려울 것이다.

떨어지는 화폐가치를 대신할 암호화폐

단순히 종이를 발행해서 연명하는 달러는 점차 약해지고, 세계 경제는 종이화폐 대신에 또 다른 경화를 찾게 될 것이다. 현대의 디지털 사회에 화폐의 속성(내구성, 휴대성, 검증성, 가분성, 희소성)을 가장 잘 반영하면서 블록체인을 활용한 스마트 계약처럼 기술적 접목이 가능한 화폐는 비트코인이 유일하다. 비관론자들은 항상 비트코인이 0원으로 수렴할 것이라 외치지만 비트코인 가치는 항상 우상향해왔으며 이미 각국에서 ETF 상품으로 정식으로 인정받고 있다.

물론 자산에 거품이 끼고 빠질 때마다 비트코인을 비롯한 암호화폐들의 가격 변동폭이 굉장히 컸다. 그리고 무수히 많은 알트코인들이 상폐당하기도 했다. 그래서 암호화폐 투자를 한다고 하면 마치 도박을 하는 것처럼 아니꼬운 시선을 받기도 한다. 물론 순간적인 일확천금을 꿈꾸고 투기를 하면 도박이 될 수도 있다.

그러나 비트코인과 그 밖에 개발이 오랜 기간 진행되어온 몇몇 알트코인들은 가격의 급등락을 거치면서도 그 가치를 인정받아 꾸준히 우상향해왔으며 지금도 기술개발이 계속 진전되고 있다. 화폐의 역사를 제대로 인지하고 블록체인 기술에 대한 신뢰와 믿음이 있다면 올바른 암호화폐 투자 철학을 통해 떨어져가는 종이화폐의 가치에 맞서 당신의 자본을 지킬 수 있다. 독자 여러분들이 이 책을 읽고 급격히 변화하는 세계정세를 읽고 쉽고 빠르게 블록체인, 비트코인에 대한 지식을 함양하길 바란다.

1장

무한정 계속 찍어대는 종이화폐

초인플레이션을 겪는 국가들

초인플레이션이란 사전적 의미로 물가상승이 통제를 벗어날 정도로 심각한 정도를 뜻하며, 1개월당 50% 이상의 인플레이션을 기록하는 상황을 말하곤 한다. 이러한 비정상적인 인플레이션은 보통 전쟁으로 인해서 발생하며, 1, 2차 세계대전 이후 독일, 헝가리 등 유럽 국가들이 겪었다.

독일의 예를 들면 약 3년(1919~1921년) 만에 물가가 무려 1조 배나 올랐고, 인플레이션이 수습되기 직전인 1923년 10월 1개월 동안에만 300배나 물가가 올랐다. 이는 1차 세계대전에 패한 이후로 각종 생산 시설이 무너진 데다, 전쟁 기간 동

독일의 어린이들이 돈다발로 노는 모습

안 필요한 재원을 조달하기 위해 엄청난 양의 통화를 발행하는 바람에 일어난 일이었다. 따라서 화폐가 진짜 휴지보다 가치가 떨어지는 현상이 생겼고, 화폐는 아이들이 노는 장난감 또는 땔감, 벽지 등으로 쓰이곤 했다. 거짓말이 아니라 화폐로 쓰는 가치보다 장난감, 땔감, 벽지로 쓰는 가치가 더 높았다.

헝가리의 경우, 2차 세계대전 이후 산업시설의 50% 이상이 파괴되고 석탄 생산량이 40% 이상 줄어들면서 전 국토가 완전히 폐허가 돼버렸다. 이 때문에 1944년 말부터 5개월 동안 물가가 약 15배 올랐다. 심지어 2차 세계대전 종결 직후인 1945~1946년에는 15시간당 물가가 두 배씩 뛰는 인류 역사상 찾아볼 수 없는 초하이퍼인플레이션이 발생했다. 이는 한 달에 $1.3 \times 10^{17}\%$의 물가상승이 이루어진 것으로, 나라 경제가 처참하게 무너진 경우다. 이에 따라 기존 종이화폐는 완전히 가치를 잃었고, 지폐는 쓰레기보다 가치가 없어지게 되었다. 그래서 길거리에 지폐가 수북이 쌓였고, 청소부들은 이 지폐 더미를 청소하는 게 일상이었다.

헝가리의 청소부가 지폐 더미를 청소하는 모습

아르헨티나의 인플레이션

동화 속에서만 나오는 모습인 것 같은가? 21세기에는 절대로 일어나지 않을 일 같은가? 비교적 선진국인 대한민국에 살고 있는 독자분들은 쉽게 실감이 안 될 것이다. 그런데 지금 비슷한 일이 세계 곳곳에서 벌어지고 있다. 우리가 잘 알지 못하는 조그마한 섬나라나 초소형 국가들이 아니고 어엿이 월드컵에 진출하는 꽤 큰 나라들에서 발생하고 있다. 그리고 그 확산세가 점점 빨라져서 유럽 국가들도 그 조짐이 보이고 있다. 이러한 확산세라면 G20에 속한 선진국들도 위험하며, 미국이라도 예외가 아닐 것이다. 국가에서 발행하는 화폐가 더는 안전자산이 아니며, 가치가 가장 빠르게 감소하는 자산이 되고 있는 것이다.

현재 이렇게 경제 불안정에 시달리는 국가 중에는 대표적으로 아르헨티나가 있다. 아르헨티나는 2023년 기준 전년 대비 100%가 넘는 물가상승률을 기록하고 있다. 특히 국민들의 생활과 밀접한 관련이 있는 식품 가격은 매달 10% 이상씩 급등하고 있으며, 소고기 가격은 한 달에 35%씩 치솟기도 했다. 아르헨티나는 한때 남미에서 두 번째로 큰 경제

규모를 자랑하던 선진국이었지만, 군부독재 세력의 잘못된 경제정책으로 페소화의 가치가 폭락하고 외환 보유고가 바닥이 난 데다 가뭄까지 덮치면서 엄청난 인플레이션을 겪고 있다.

따라서 아르헨티나 국민들에게 절약과 저금은 오히려 망하는 지름길이 되어버렸다. 돈을 비축해보았자 계속해서 가치가 떨어지기 때문에 돈이 생기자마자 써버리는 게 오히려 이득이 된 셈이다. 국민들이 월급을 받자마자 국수, 설탕, 쌀 등 장기간 보관할 수 있는 식료품들을 사재기해서, 슈퍼마켓에서 해당 식료품들을 찾아보기 어렵다. 부유층들은 요트, 비행기, 달러, 암호화폐 채굴기, 미술품, 시계 등을 바로바로 사재기하고 있다. 이에 따라 국가에서 이러한 품목들에 대한 수입을 제한하고 높은 세금을 부과하고 있지만, 심각한 물가 상승과 국민들의 사재기 심리는 쉽게 진정되지 않고 있다.

물가상승률이 이렇게 무시무시할 만큼 높으니 아르헨티나의 기준금리는 약 80%에 육박한다. 기준금리가 워낙 높다 보니 대출이 거의 불가능하고 기업들의 금융 활동이 위축되어서 IT, 금융 등 지식 집약적 기업들은 거의 찾아볼 수가 없다. 상황이 이렇다 보니 연일 대규모 시위가 벌어지고 있다.

물가상승이 워낙 빠른 탓에 노동자들이 그에 따른 임금인상을 요구하는 시위를 벌이는 것이다.

아르헨티나뿐이 아니다. 실정이 비슷한 국가들이 결코 적지 않다. 2022년 기준 연간 인플레이션 수치가 높은 나라들을 열거하자면 짐바브웨 269%, 레바논 162%, 베네수엘라 156%, 시리아 139%, 튀르키예 86%, 스리랑카 66%, 이란 52% 등이 있다. 유럽의 선진국들도 급격한 물가상승률을 겪고 있는데, 영국 11.1%, 덴마크 10.1%, 스웨덴 10.9%, 네덜란드 14.3%, 이탈리아 11.8%의 인플레이션율을 보이고 있다.

41년 만에 최고치를 기록한 미국

세계 경제 1위 국가 미국도 예외가 아니다. 2022년 6월 미국의 소비자물가지수는 전년 동월 대비 9.1% 올라 41년 만에 최고치를 기록했다. 평균적으로 2~3% 정도를 유지했던 소비자물가지수는 코로나19와 러·우전쟁 이후로 급격하게 증가했다. 이를 잡으려고 기준금리를 급격하게 올리고 있는

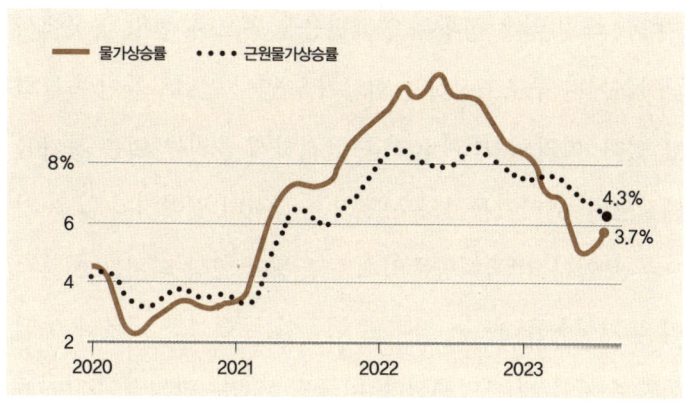

| 전년 대비 미국 물가상승률 |

출처 : CNBC | 미국 노동부

데, 그럼에도 불구하고 목표하는 2%대로 소비자물가지수를 내리기는 거의 불가능해 보인다. 글을 쓰는 2023년 현재 미국의 기준금리는 5%대인데, 이와 관련한 부작용으로 주요 은행들이 뱅크런 위험성에 직면했고, 실제로 몇몇 대형 은행이 파산했다. 또한 스타트업 기업들의 주가가 곤두박질치고 있다.

이런 좋지 않은 상황은 연쇄반응을 일으켜, 산업 곳곳에서 파산하거나 구조조정하는 회사가 늘면서 실업자들이 속출하고 있다. 따라서 기준 금리를 급격하게 올리는 일은 불가능해졌으며, 소비자물가지수도 더는 급격히 떨어지지 않을 것으로 보인다. 미국연방준비제도 은행이 항상 외치는 이상적인 물가상승률 2%는 적어도 한동안은 현실과 너무나 동떨어진 수치인 게 분명해졌다. 미국도 이제는 만성적인 고인플레이션을 겪는 국가가 된 것이다. 3세기 로마제국 말기 로마의 연평균 물가상승률은 5~6%였고, 고물가로 인한 경제와 민생 붕괴가 제국의 몰락을 가져왔다. 현재 미국이 겪고 있는 물가상승률 수준은 역사적으로 볼 때 꽤 위험한 수치인 것이다.

화폐의 등장과 발전

돈의 역사를 알기 위해서는 기원전 9000년경 지구의 빙하기가 끝나는 무렵까지 거슬러 올라가야 한다. 빙하기가 끝나고 지구가 따뜻해지면서 그동안의 수렵, 채집시대에서 벗어나 정착을 하고 농사를 짓는 농업시대로 들어섰다. 역사적으로 이 시대를 '농업혁명'이라고 명명하기도 한다. 아무튼 이 시점이 구석기시대에서 신석기시대로 넘어간 무렵인데, 인류는 이때부터 농사에 필요한 노동 도구를 발명하고 농사를 짓기 시작했다. 그 외에도 옷감을 만드는 기술, 포획용 도구를 만드는 기술, 목축 기술들이 발달하기 시작했다.

이러한 농업혁명의 가장 큰 핵심은 잉여 식량과 잉여 제품이 발생했다는 사실이다. 농업혁명 이전에는 그날 하루하루 먹고 살아가기 위해서 수렵과 채집을 했기 때문에 무언가를 저장한다는 개념이 없었다. 하지만 기후가 따뜻해지고 기술이 발달하면서 이제는 하루하루 먹고 살아가는 것 이상으로 무언가를 저장할 수 있게 되었다. 또한 전문화가 되어 부락마다 각자의 전문적인 영역을 맡게 되었다. 예를 들어 농업 부락, 목축업 부락, 제품 생산 부락 등으로 나뉘었다. 이러한 사회 분업의 결과로 교환을 목적으로 하는 물물교환이 생겨났다. 쉽게 예를 들면 양식, 모피, 육류 등을 도자기, 장식품 등으로 서로 물물교환했다.

물물교환은 삶을 풍요롭게 만들었지만 이에 못지않게 많은 어려움과 불편함을 안겨주었다. 우선 물물교환 과정에서 물건의 가치를 계산하는 게 복잡하고 애매할 수밖에 없다. 물건의 종류가 너무 다양하기 때문에 어떤 물건이 어떤 가치를 지닌다고 딱 정해서 말하기도 어렵고, 1 대 1 등가교환을 하려면 서로 원하는 물건이 딱 있어야 하는데 그러한 상대방을 바로 찾기도 어려웠다. 따라서 이러한 문제를 해결하기 위해 화폐가 탄생했다. 최초의 화폐는 조개껍데기로 추정되

기원전 16세기~8세기 중국에서 사용된 조개 화폐

는데, 기원전 3800년께 나타난 것으로 짐작하고 있다. 물물교환의 역사가 화폐 역사보다 더 길었던 셈이다. 조개껍데기는 화려하고 마모도 잘 안 되고 휴대하기 편하고 육지 주민들은 구하기 어려웠기 때문에 화폐로 쓰기에 안성맞춤이었다.

국가가 주도해 만드는 주조화폐는 기원전 2000~1000년 경 사이에 중국에서부터 시작되었다. 그러나 여전히 조개껍데기가 화폐로 쓰였다. 화폐는 해패, 석패, 골패, 방패, 옥패, 동패 등이 있었는데 모든 이름에 조개를 뜻하는 패貝 자가 있는 걸 보면 알 수 있듯이, 조개껍데기가 화폐의 근원이었다. 기원전 500년경 전후 이집트에서는 구리, 은을 화폐로 사용하기 시작했다.

그런데 이러한 금속들은 너무 무거워서 운송의 어려움이 크고 보관하는 데에도 비용이 많이 들었다. 그래서 종이화폐(지폐)가 나왔는데, 종이화폐는 1170년경 중국 남송에서 발행되었다. 서양에서는 1600년대 초에서야 영국에서 최초로 종이화폐를 사용했다. 하지만 이때의 종이화폐는 지금과 개념이 조금 달랐다. 종이화폐 자체가 가치가 있는 게 아니었다. 종이화폐는 그저 금, 은, 동 등의 금속화폐를 예치하고 그 금속화폐와 교환할 수 있는 '예금증서' 개념이었다. 참고로 한국은 1893년 고종시대에 최초로 종이화폐를 발행했다고 한다.

금본위제의 몰락과 종이화폐

종이화폐가 통용되었어도 인류가 수천 년간 사용해온 금속화폐로 측정하는 금본위제가 얼추 잘 유지되고 있었다. 그런데 1차 세계대전이 터지면서 문제가 발생했다. 전쟁비용을 감당하기 위해서 천문학적인 비용이 들자 각 국가는 화폐 발행량을 비약적으로 늘리기 시작했다. 그런데 문제는 금 생산량을 그만큼 맞추어서 늘리기가 불가능했다는 사실이다. 그래서 일시적으로 금본위제를 폐지하기도 했다. 전쟁이 끝난 직후 다시 금본위제를 실시하려고 긴축정책을 펼쳤는데, 이에 대한 부작용으로 심각한 디플레이션을 겪고 경제대공황이 발발했다. 결국 금본위제 복귀에 실패하고 말았다.

2차 세계대전 이후 미국을 중심으로 금본위제가 다시 시행되었다. 이를 브레턴우즈 체제라고 한다. 통화 가치 안정, 무역 진흥, 개발도상국 지원, 환율 안정을 목적으로 한다고 표면상 밝혔지만, 가장 핵심은 금 1온스를 미화 35달러로 고

정시키고 달러를 세계의 기축통화로 삼는 것이다. 따라서 '달러=금'이라는 가치가 생기게 되었다.

그런데 브레턴우즈 체제도 오래가지 못했다. 1950년대 말 미국경제가 정체되면서 국제수지 적자와 달러채무가 악화하고 금 준비금에 문제가 생겼다. 더욱이 1960년대 베트남 전쟁 비용을 대려고 달러를 마구 발행하면서 달러 가치가 빠르게 떨어지자 각국이 달러를 금으로 바꾸기를 요구하기 시작했다. 미국이 바꾸어줄 금이 부족하자 주요 선진국들이 브레턴우즈 체제를 탈퇴했고, 이에 미국의 닉슨 대통령은 1971년 8월 15일에 브레턴우즈 체제를 폐지한다. 이 조치로 전 세계의 물가가 급등하고 경제성장률이 하락했다. 달러 가치는 순식간에 폭락했다. 미국의 무책임하고 사실상 사기에 가까운 행위로 달러는 순식간에 금에서 무제한 발행이 가능한 종이로 전락하고 말았다.

우리가 지금 가치 있다고 여기는 종이화폐, 즉 달러는 앞으로도 그런 안정적인 가치가 있다고 보기 어렵다. 정부가 마음만 먹으면 언제든 마구 발행이 가능하고 발행량이 많아질수록 당연히 가치는 떨어지게 된다. 만약 정부가 양심이 있다면 발행량을 조절할 것이다. 그러나 미국 정부가 그동

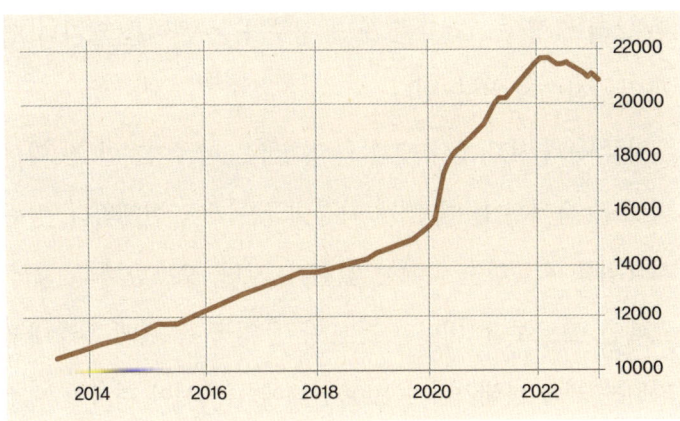

| 미국 통화공급량 M2 |

(단위: USD 달러, 억)

출처 : tradingeconomics.com | 연방준비제도이사회

안 보인 행태는 그렇지 않다. 경제위기가 발생하면 가장 쉽고 빠르고 편한 방법, 즉 종이화폐 무제한 발행으로 쉽게 위기를 모면해왔다. 2008년 금융위기, 2020년 코로나19 대유행 때 미국 정부는 어김없이 대규모 양적완화(돈 풀기)로 경제를 지탱해왔다. 경제는 겨우 지탱이 되었지만 종이화폐는 그만큼 더 가치가 떨어지게 되었다. 간단히 코로나19 사태 직후 달러 발행량 그래프를 보면 정부가 돈 풀기를 얼마나 쉽게 생각하는지 알 수 있다.

지금 우리 세대에서 세계 최강대국은 미국이지만 긴 역사의 흐름 속에서 볼 때 세계 최강대국은 계속 변해왔다. 영원히 1위를 지속하는 국가는 없었다. 로마, 오스만제국, 중국, 스페인, 포르투갈, 네덜란드, 프랑스, 영국 등 세계 최강대국 지위는 계속 변해가다가 1900년대에 들어서야 미국이 세계 최강대국이 되었다.

경제 붕괴의 경로

강대국이 몰락한 주요한 이유로 신뢰를 잃은 화폐 시스템의 붕괴를 뽑을 수 있다. 대표적으로 로마제국은 군대를 유지하고 복지사업을 펴고 호화로운 생활을 유지하려고 많은 돈을 발행했다. 그 당시 로마 화폐는 은으로 만들어졌는데, 원래 순도 100%로 은화를 발행했다. 그러나 네로 황제를 시작으로 더 많은 돈을 발행하려고 은화에 구리를 섞는 방식으로 꼼수를 써서 화폐 발행량을 대폭 늘렸고, 말기에는 은 함유량이 4%대까지 떨어지게 되었다. 화폐 발행량을 대폭 늘리다 보니 인플레이션이 촉발되면서 시장경제가 무너졌고, 이것이 로마의 몰락을 촉발했다.

한 나라의 경제가 붕괴하는 경로는 고대부터 현대까지 모든 국가가 엇비슷하다. '과중한 국가 부채 → 무분별한 화폐 발행 → 물가 폭등 → 경제 및 신용 위기 → 경제 붕괴'로 이어진다. 미국 100달러짜리 지폐의 가치는 100달러지만, 한 장을 찍는 데 드는 비용은 30센트에 지나지 않는다고 한다. 마치 로마제국이 은 함유량을 떨어뜨려 저렴하게 은화를 발행한 것과 비슷하다. 불량 지폐가 마구 남발된다면 물가 폭등과 경제 붕괴는 시간문제다.

금 태환 금지

원래 종이화폐=금이었다. 종이화폐는 금을 교환할 수 있는 증서였던 것이다. 그런데 미국의 닉슨 대통령이 1971년 8월 15일에 브레턴우즈 체제를 폐지하면서 종이화폐는 더 이상 금이 아니게 되었다. 종이화폐와 금은 서로 연결성이 없어졌고 국가는 무제한 종이화폐를 찍어낼 수 있게 되었다. 앞에서도 이에 대해서 간략히 설명했지만 너무 중요한 사건이기에 다시 언급하며 강조하려고 한다.

1971년 8월 15일 미국 닉슨 대통령은 의회의 인준 없이 독단적으로 달러와 금의 교환환계를 끊고 달러를 부르마블 돈으로 만들었다. 그리고 역사상 가장 거대한 경제 붐이 두 번이나 일어났다. 2008년 경제위기, 2020년 코로나19 이후로 각국의 중앙은행들은 달러, 엔, 페소, 유로, 파운드, 원을 엄청나게 찍어대고 있다.

 미국의 연방준비은행(연준)은 아무런 법적 근거도, 세계 다른 나라들과의 합의도 없이 독단적으로 돈을 찍어내고 있다. 미국 연준이 돈을 찍어내면 전 세계 국민들은 그저 당할 수밖에 없다. 아무 가치도 없는 종이돈이 통화 시스템에 넘쳐나고 있다. 그러나 이렇게 종이돈을 찍어내도 사람들이 무관심한 이유는 이러한 변화가 사람들에게는 오히려 순간적으로 좋기 때문이다. 종이돈이 풍부해질수록 사람들은 부자가 된 듯한 기분에 빠진다. 누구나 신용카드를 만들 수 있고 쉽게 쇼핑을 즐길 수 있다. 자고 나면 치솟는 집값 때문에 집을 가진 중산층들은 하루아침에 부자가 된 것처럼 느낀다.

 사람들은 집값이 오른 만큼 집을 담보로 더 대출을 해 더욱 풍요로운 삶을 즐겼다. 휴가를 즐기거나 두 대 이상의 차를 몰기도 한다. 예전에는 찾아보기 힘들었던 외제차들은 이제 기본이 되었다. 서울 강남에서 BMW, 벤츠는 마치 현대 아반떼 정도 될 정도로 가장 기본적인 차가 되었다. 사람들은 돈을 벌어서 물건을 사기보다는 대출, 리스, 할부 등으로 고급차, 고급 레스토랑, 대학교육을 즐기고 있다.

빚이 되어버린 돈

문제는 이러한 호황이 진정한 돈이 아닌 빚으로 쌓아 올린 것이라는 사실이다. 상품을 만들어 번 돈이 아니라 인플레이션으로 만든 돈, 일을 해서 번 돈이 아니라 빌린 돈으로 누리는 호황이다. 이런 아무런 대가도 없이 받는 돈으로 모두가 호황을 누리고 있으며, 이는 돈이 타락해간다는 방증이다. 모든 국민이 부자가 된 것 같지만 이는 착각에 불과하다.

중앙은행은 무제한으로 돈을 찍어내고 있고 이 돈은 금융기관을 거쳐서 각종 파생상품, 대출 등으로 더욱 뻥튀기되고 있다. 지금 이 순간에도 전 세계의 각종 화폐들이 쉴 틈 없이 돌아가는 인쇄기를 통해 찍혀 나오고 있다. 허공에서 돈이 쏟아져 나오고 있는 것이다. 이렇게 마구 찍어대는 돈은 나중에 휴지 조각이 될 수 있다. 실제로 최강대국 미국에서도 그런 일이 발생한 적이 있다. 독립전쟁 시절 미국 정부는 전쟁 자금을 조달하기 위해서 '콘티넨털Continental currency'이라고 하는 화폐를 찍어냈는데, 너무 많이 찍어내는 바람이 나중에 가치가 0원에 수렴하게 되었다. 이 사건에서 'not worth a continental'이라는 관용어가 탄생했고, '한 푼의 가치도 없다'는 뜻으로 쓰인다.

대한민국도 비슷한 일이 벌어지고 있다. KB금융지주 경영연구소는 매년 〈한국 부자 보고서〉를 발행하는데, 여기서 말하는 부자는 금융자산 10억 원 이상 보유한 사람을 가리킨다. 2022년 기준 금융자산을 10억 이상을 보유한 개인은 국내 인구의 0.82%인 42만 명에 불과하다. 금융자산은 현금, 예적금, 주식, 채권 등 거의 바로 현금화가 가능한 상품들을 일컫는다. 즉 가장 실체에 가까운 돈이다. 그런데 재미있는 사실은 서울 아파트 대부분이 10억 원을 호가한다는 것이다. 2022년 말까지 서울 아파트 중위값은 10억 원을 넘겼으며 서울에만 총 157만 세대 정도의 아파트가 있다. 10억 이상의 금융자산을 보유한 사람이 전국에 42만 명밖에 안 되는데 얼추 잡아도 서울 아파트 중 80만 세대 정도는 10억 원이 넘고 모두 주인이 있다니 아이러니할 수밖에 없다. 모두 빚을 통해서 산 아파트인 것이다.

금 태환 금지 이후 돈은 '빚'이 되었다. 경제는 급속도로 확장되었고 국민들은 모두 빚을 질 수밖에 없게 되었다. 빚을 지지 않으면 다른 사람들과 비교할 때 기본적인 생활 자체를 할 수 없게 되었다. 빚을 지지 않으면 대학교에 진학할 수 없게 되었다. 빚을 지지 않으면 자동차를 구매할 수 없게 되었다. 빚을 지지 않으면 결혼을 할 수 없게 되었다. 빚을 지지 않으면 집을 살 수 없게 되었다. 빚을 지지 않으면 자녀를 교육시킬 수 없게 되었다. 우리는 빚을 지지 않으면 평범한 삶조차 꾸릴 수 없게 된 것이다.

본질적으로 파고들면, 당신의 지갑에 들어 있는 돈은 돈이 아니라 일종의 '차용증'이다. 우리 돈은 자산이 아니라 빚이다. 은행과 금융회사들이 빚에 빚을 담보해서 파생상품을 계속 만들어내고 있기 때문이다. 하지만 은행은 절대로 망하지 않는다. 경제위기가 오고 수많은 국민이 피해를 보아도 중앙정부가 그럴 때마다 엄청나게 많은 돈을 찍어내주기 때문이다.

코스톨라니의 달걀 모형 이론

경제호황 거품이 빠지면 언제나 중산층, 노동자들이 가장 먼저 피해를 본다. 구조조정으로 인해 회사에서 퇴직하고, 가지고 있던 주식, 부동산 가격이 폭락한다. 은행 금리가 올라 대출이자를 갚기 더 버거워진다. 국가는 이를 해결하려고 또다시 돈을 풀고, 그러면 다시 경제는 호황이 찾아온 것처럼 보이지만 곧이어 다시 거품이 빠지고 경제위기가 다가온다. 이러한 사이클이 무한 반복이 되고 있으며 미국도 돈 풀기와 긴축정책의 아슬아슬한 외줄타기 속에서 눈치 싸움을 하고 있다. 근본적인 해결책은 없고 순간적인 위기만 탈출하기 위한 눈치 싸움의 연속인 것이다. 금 태환 금지를 선언한 이후부터 예견된 일이었고, 다시는 돌아갈 수 없게 되었다. 영원히 해결할 수 없는 문제가 된 것이다.

이는 코스톨라니의 달걀 모형 이론으로도 설명이 가능하다. 코스톨라니 달걀의 세로축은 기준금리고, 중앙은행의 통화정책은 시계방향으로 일어난다. 달걀 모형의 꼭대기는 금리고점인 A 지점, 달걀의 바닥은 금리저점인 D 지점이다. 가로로 평행한 두 줄을 그려서 위아래 세 등분으로 나누고, 가

| 코스톨라니 달걀 모형 |

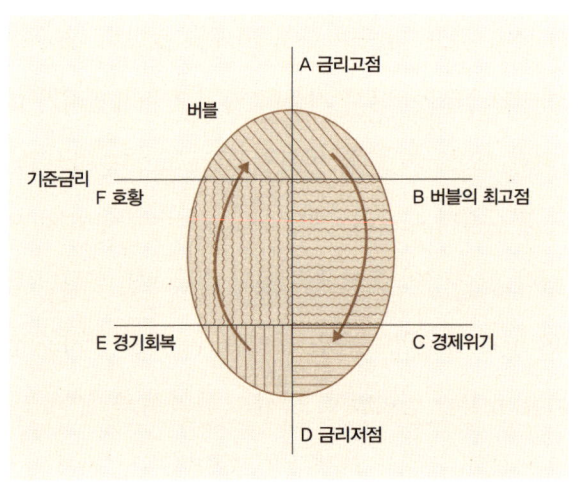

운데 선을 그어 좌우구간을 만든다. 이렇게 총 6개의 구간이 형성된다.

빗금으로 표시된 상단의 '버블' 영역(F→B)은 돈 풀기로 경제가 과열돼 자산의 가격이 버블 초기 상태가 된 것을 의미하고, 가로물결선으로 표시된 '버블의 최고점' 영역(B→C)은 경기과열이 지속돼 버블이 최고점에 이른 시기를 말한다. 가로선으로 표시된 '경제위기' 영역(C→D)은 경제위기가 일어나고 중앙은행이 긴급 인하로 금리저점으로 향하는 시기를 말하며, 세로선으로 표시된 '경기회복' 영역(D→E)은 금리저점에서 유동성의 힘으로 금융위기 상황을 극복하고 서서히 안정을 찾는 시기다. 세로물결선으로 표시된 '호황' 영역(E→F구간)은 경제 성장률이 정상화되고 물가가 상향 안정돼 경제가 건실하게 성장하는 시기다. 이러한 사이클이 무한 반복되고 있으며 사이클이 반복될 때마다 서민들의 피해가 속출하고 있고, 사이클이 반복될 때마다 돈의 가치는 점점 휴지조각이 되고 있다.

종이화폐는 절대로 지속되지 못한다

필자는 종이화폐가 지속되지 못하고 지구상에서 종이화폐가 점차 쓰이지 않을 것이라 예견한다. 여기서 말하는 종이화폐는 두 가지 측면이 있다. 첫째, 말 그대로 실제 현장에서 현금으로 거래하는 종이화폐가 있다. 둘째, 중앙은행이 발행하는 화폐의 의미도 있다.

우선 첫 번째 측면에서 종이화폐 현금거래가 없어질 것이라는 예견에 대해 설명하겠다. 사실 독자 여러분도 이미 알고 있겠지만 최근 들어 대부분의 거래는 신용카드, 제로페이, 계좌이체 등 전자 결제수단을 이용해 진행되며, 현실 세계에서 지폐를 현장에서 주고받는 사례는 많이 줄어들었다. 전자상거래에 익숙하지 못한 고령층이 많은 시장이나 소액을 주고받는 발렛 주차 정도를 제외하면 일상에서 현금거래 비중은 낮아지고 있다.

국가 차원에서도 종이화폐를 통한 현금거래는 골칫거리가 될 수 있다. 특히 고액권의 경우 탈세와 마약 거래에 많이 사용되고 있기 때문이다. 실제로 1999년 영국에서 한 연구 결과에 따르면 표본 조사한 고액권의 92%에서 코카인의 흔적을 발견할 수 있었다고 한다. 또한 현금을 종이화폐로 그냥 개인이 보관하고 있으면 중앙은행으로서도 금리정책을 펼치기가 어렵다. 최근에는 코로나19의 유행 이후로 바이러스 감염을 우려해 종이화폐 현금을 더 사용하지 않는 추세이다. 이와 같은 이유들 때문에 각국의 경제학자들은 종이화폐의 점진적 폐지를 주장하고 있고 실제로 종이화폐 사용량은 빠르게 줄어들고 있다. 한국은행 조사 결과에 따르면 2021년 기준 가계의 현금 사용량은 신용/체크카드 사용량의 절반에도 못 미친다. 가계보다 큰 금액을 쓰는 경우가 대다수인 기업의 경우에는 현금 사용 비중이 1.2% 정도밖에 안 될 정도로 거의 쓰이지 않고 있다.

| 가계 지급 수단별 지출액 비중 |

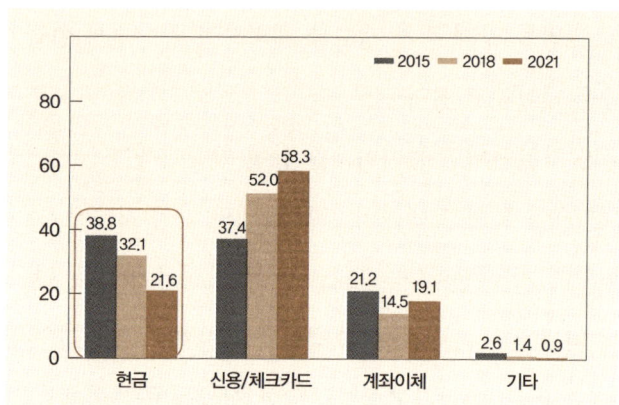

출처 : 한국은행 경제주체별 현금사용행태 조사(2021)

| 기업 지급 수단별 지출액 비중 |

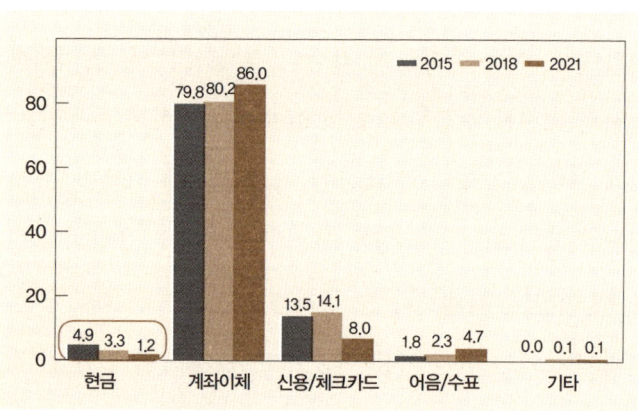

출처 : 한국은행 경제주체별 현금사용행태 조사(2021)

종이화폐의 미래

 이제 두 번째 차원에서 종이화폐의 종말에 대해 설명하겠다. 말 그대로 현금 지폐의 종말은 다들 실감하고 있겠지만 중앙에서 발행한 화폐가 종말할 것이라는 주장은 쉽게 받아들이기 어려울 수 있다. 중앙은행에서 발행한 화폐가 당장 폐지되지는 않을 것이다. 하지만 그 가치가 점점 줄어들다가 어느 순간 초인플레이션에 따른 경제위기로 사실상 휴지 조각이 될 가능성이 농후하다. 이런 일이 이미 짐바브웨, 아르헨티나, 튀르키예를 비롯한 세계 곳곳의 나라에서 벌어지고 있으며, 북미, 유럽, 아시아의 선진국들도 예외가 아닐 것이다.
 현재 글을 쓰는 시점에 미국의 기준금리는 5% 초반이고 물가상승률도 4~5% 내외이다. 매해 물가상승률이 5%라면 14년 후에 물가가 두 배가 되는 고인플레이션 상태이다. 세계의 기축통화국인 미국에서 이러한 상황이 발생한다면 경제기반이 약한 다른 국가들에서는 더 큰 인플레이션이 발생할 가능성이 크다. 따라서 미국 중앙은행은 물가를 잡기 위해서 기준금리를 0.25%에서 5% 이상까지 매우 급격하게 올렸었다. 그런데 예상치 못한 일이 발생했다. 대표적으로 미국내 자산 기준 16위 규모의 실리콘밸리은행(SVB)이 파산한 것이다. 더욱 충격적인 사실은 뱅크런이 발생한 지 단 2일 만에 파산을 했다는 점이다. SVB는 미국 실리콘밸리 스타트업이 주 고객사로, 스타트업이 받은 투자금 예치로 운영되는 은행이다. 그러나 금리가 올라가면서 SVB가 보유한 채권 가격이 떨어지고, 이 손해 사실이 알려지자 안 그래도 주가가 빠지면서 불안에 떨었던 스타트업들이 앞다투어 돈을 빼기 시작해 2일 만에 파산하고 말았다. 뱅크런 속도가 엄청났는데 하루에 56조 원가량이 인출되었다고 한다. SVB 파산 이후 3일 만에 시그니처 은행이 추가로 파산했으며 퍼스트리퍼블릭 은행도 파산했다. 이 밖에도 크레디트스위스, 찰스 슈왑 등 거대 금융기관들도 위기 상황에 직면했다.

우리는 SVB 파산사태에 미국 정부가 어떻게 대응했는지 주목해야 한다. 미국 정부는 SVB에 고객이 예치한 돈을 보험 대상 한도와 상관없이 전액 보증하는 대책을 마련했다. 또 돈 풀기에 나선 것이다. 거대한 돈 풀기로 오른 물가를 잡으려고 금리를 상승시키고 긴축재정을 펼쳤지만, 도미노 파산을 막으려고 또 돈 풀기를 한 것이다. 미국 정부가 돈 풀기로 막아야 할 돈은 약 230조 원에 달하는 것으로 알려졌다.

미국 중앙은행의 아슬아슬한 줄타기

미국은 금리를 올릴 수도 없고 내릴 수도 없는 아슬아슬한 줄타기를 하고 있으며, 이러한 아슬아슬한 줄타기는 결국 나쁜 종말을 가져올 것이다. 만약 금리를 더 올린다면 제2, 제3의 SVB 파산사태가 이어질 것이고 이를 방관한다면 국가 경제위기가 올 것이기에, 파국을 막으려면 또 돈 풀기밖에 답이 없을 것이다. 돈 풀기를 한다면 금리인상을 한 의미가 없어질 뿐이다. 만약 금리를 내린다면 바로 물가가 잡히지 않아 고인플레이션이 계속 지속되어 세계경제는 하이퍼인플레이션 위험에 노출될 것이다.

이러나저러나 결국 종말은 물가상승, 화폐가치 하락, 경제붕괴로 이어질 것이다. 미국 정부의 줄타기 실력에 따라 그 시기가 조금 미루어질 수는 있지만 그리 오래가지는 못할 것이다. 1998년 아시아발 금융위기, 2008년 서브프라임 모기지발 금융위기, 2020년 코로나19 유행 금융위기마다 미국은 양적완화라는 명목으로 대대적인 돈 풀기를 시행했고, 이에 따라 전 세계적으로 물가상승, 화폐가치 하락이 동반되었다.

1971년 금 태환 금지 이후 화폐정책과 밀접한 경제위기

| 물가와 금융안정 사이에서 줄타기하는 미국 중앙은행 |

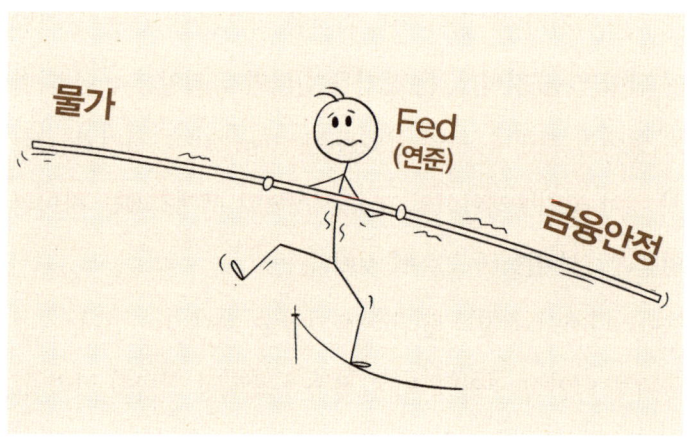

가 연달아 발생했으며, 본질적인 해결을 하지 못한 채 계속 줄타기만 하고 있고, 그 결과로 물가상승 및 화폐가치 저하가 계속 진행 중이다. 이에 대한 뾰족한 해결책은 나오지 않고 있다. 매번 미국 연방공개시장위원회FOMC 회의 때마다 이번에는 금리를 올릴 것인지 내릴 것인지 동결할 것인지 속칭 전문가라는 사람들이 예측을 하고 있지만, 이는 줄타기 시간을 조금 더 버는 궁여지책일 뿐, 근본적인 해결책이 될 수 없다. 근본적인 해결책은 화폐 시스템 전체를 아예 바꾸는 방법뿐이다. 경제학자, 미국 정부도 알고 있는 사실이지만 이를 밝히면 전 세계 국민들이 패닉에 빠질 것이 두려워 단지 감추고 있을 뿐이라 생각한다.

달러도
믿지 못한다

　전 세계 인구의 5%밖에 되지 않는 미국 국민은 전 세계 소비의 40%를 차지하는 반면 저축률은 0%에 가깝다. 매년 무역수지 적자는 늘어나고 대외 달러 부채는 1년 GDP와 비슷한 수준으로, 연간 이자 비용만 1조 8,000억 달러(5% 이자율 기준)에 이른다. 그런데 이러한 상황은 미국에 전혀 문제가 되지 않는다. 바로 기축통화국이라는 지위가 있기 때문이다. 사상 최대의 부채를 저축으로 해결하지 않고 미국은 기축통화국이란 지위를 이용해 새로운 달러를 발행해 빚을 빚으로 메우고 있다. 새로운 신용 창출을 통해 끝없이 대외 적자를

| 미국 내 부족자금을 메운 달러 리사이클링 |

메워가며 자산시장의 거품을 키우고 있는 형국이다.

이러한 일이 일어나게 된 배경에는 '달러의 리사이클링'이라 불리는 국제 자본 흐름의 특수성이 있다. 그동안 한국, 중국, 일본 등 아시아 국가의 중앙은행들이 대미 수출로 번 막대한 달러를 미국 국공채에 투자함으로써 미국의 경상적자를 보전해줬다. 미국인들이 소비를 위해 찍어낸 달러가 동아시아 국가들에게로 간 뒤 다시 빚이 되어 미국으로 돌아오는 구조다.

이러한 구조가 가능했던 이유는 미국과 달러에 대한 신뢰가 있었기 때문이다. 미국과 달러는 절대 무너지지 않을 것이라는 믿음 아래 열심히 수출해서 번 돈을 다시 미국 국공채에 투자한 것이다. 미국은 그저 달러를 발행하면서 빚을 메우고 있을 뿐인데 세계 각지의 수출 선진국들이 투자까지 해주면서 그 빚을 메우는 일을 돕고 있는 형국이다.

달러의 위기

만약 달러 가치 하락이 눈에 보이고 미국과 달러에 대한 신뢰성이 떨어진다면 세계 수출 선진국들은 큰 고민에 빠지게 될 것이다. 그동안 열심히 수출해서 달러를 모았고 미국 국공채에 투자해서 국고를 비축해두었기 때문이다. 그렇다고 지금 당장 달러를 대량으로 팔아치우지도 못할 것이다. 그렇게 되면 주변 각국도 함께 달러를 팔아치워서 SVB 사태처럼 달러 뱅크런 사태가 벌어져 달러가 폭락할 수도 있기 때문이다. 이러한 달러 뱅크런 사태는 2004년 미국의 경제학자 리처드 던컨이 《달러의 위기 세계 경제의 몰락》에서 예견하는 시나리오이다. 즉, '달러 가치 폭락 → 달러 표시 자산 매각 → 달러 체제 붕괴 → 금융 혼란 → 미국 경제 붕괴 → 세계 경제 몰락'이라는 연쇄 작용이다.

이러한 급격한 붕괴를 두려워하기 때문에 각국은 달러를 바로 대량으로 매도하지는 못하고 있다. 다만 서서히 달러의 비중을 줄이면서 다른 포트폴리오로 갈아타고 있다. 지금 당장은 아니지만 서서히 달러보다는 다른 자산으로 이동하고 있는 것이다. 이미 달러에 대한 신뢰가 떨어지고 있다는 방증이다.

국제통화기금IMF의 2021년 조사 결과에 따르면 2020년 기준 세계 149개국의 외환보유액은 11조 8,000억 달러(약 1

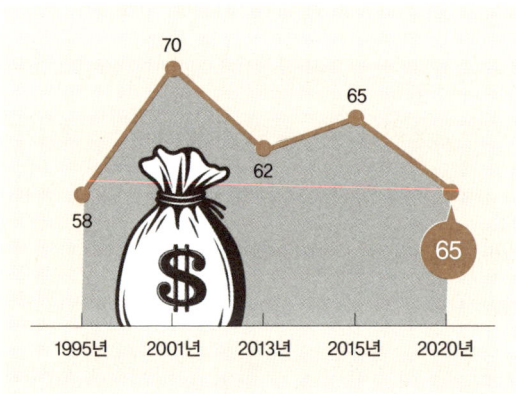

| 세계 외환보유액의 달러 자산 비중 |

(단위: %)

출처 : 한국경제 | IMF

경 3,222조 원)이다. 이 가운데 달러 표시 자산은 7조 달러였다. 전체 외환보유액에서 달러 자산이 차지한 비중은 59%로, 1년 전보다 1.7%포인트 낮아졌다. 달러 자산 비중은 2001년 말 70%까지 오른 후 지속적으로 줄고 있다. 아이러니하게도 한국은행의 달러 비중은 지속적으로 늘어나고 있는데, 외환보유액 중 72%를 달러로 보유하고 있다.

달러를 대신하는 자산들

그러면 달러 대신에 각국 중앙은행들은 어떤 자산을 사들이고 있을까? 대표적으로 금, 위안화, 비트코인 등을 들 수 있다. 2022년 말 국제통화기금에 따르면 전 세계 중앙은행의 전체 금 보유량은 3만 6,746톤으로 1974년 이후 48년 만에 최대로 증가했다. 세계 최대 금 보유국은 미국(8,133.5톤)이며, 독일(3,355톤), IMF(2,814톤), 이탈리아(2,452톤), 프랑스(2,437톤) 순으로 이어진다. 미국과 유럽 등 선진국들이 금을 대거 보유하고 있는 것은 과거 금본위제 시절부터 가지고 있던 금이 아직까지 남아 있기 때문이다.

전 세계 중앙은행들이 금을 사 모으는 가장 큰 이유는 위기감이다. 국제금융시장 불안과 변동성이 높아지자 대표적인 안전자산인 금을 선호할 수밖에 없는 것이다. 세계금협회가 2022년 4월 중앙은행 57곳을 대상으로 한 설문조사 결과 11개국은 '금융위기 가능성'을 금 매수 이유로 꼽았다. 무엇보다 금은 위기 상황에서 보험 역할을 한다. 신흥국 입장에서 글로벌 금융위기가 발생하면 자금이 급격히 빠져나가면서 통화가치가 급락하는데 금 가격은 반대로 오르게 된다. 일종의 인플레이션 헤지hedge 수단이 되는 셈이다.

중앙은행은 금 투자로 높은 수익률을 기대하기보다는 일종의 안전편 역할을 할 수 있는 자산을 확보하는 차원에서 금을 산다. 2022년 금을 가장 많이 사 모은 튀르키예는 리라화 가치 폭락에 대응해 금을 적극 활용하고 있다.

다음으로 위안화를 들 수 있다. 세계 제2위 경제대국이며 미국을 위협하는 후보로 떠오르는 중국의 위세를 반영하듯 위안화 보유량도 점차 늘고 있다. 세계 각국 중앙은행이 관리하는 전 세계 외환보유고 중 중국 위안화의 점유율은 2017년 이후 꾸준히 상승해 2021년 1분기에는 2.45%로 사상 최고치를 기록하기도 했다. 전 세계 외환보유고 점유율 5위를 기

| 통화별 전 세계 외환보유고 점유율 추이(2017~21년 1분기) |

(단위: %)

화폐	2017	2018	2019	2020	2021. 1분기
미국 달러	64.69	62.79	61.74	61.80	59.54
유로화	19.28	20.36	20.27	20.05	20.57
일본 엔화	4.53	4.58	5.36	5.96	5.89
영국 파운드화	4.28	4.68	4.55	4.44	4.70
중국 위안화	1.08	1.40	1.95	2.01	2.45
호주 달러	1.77	1.71	1.67	1.55	1.82
캐나다 달러	1.90	1.86	1.91	1.78	2.11

출처 : KIEP 대외경제정책연구원 보고서(2021.3) | IMF

| 중국 기준금리 추이 |

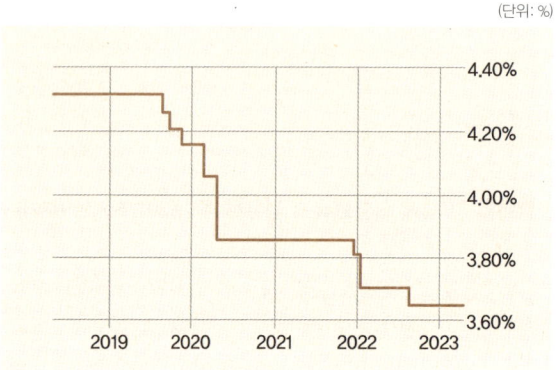

출처 : tradingeconomics.com | 중국인민은행(PBOC)

록하고 있으며, 최근 가장 빠르게 증가하는 추세이다.

이는 중국이 빠른 경제발전을 보이면서 다른 국가들에 비해 돈 풀기를 상대적으로 적게 하고 있기 때문이다. 코로나19 사태 이후 미국 등 주요국이 제로금리 정책을 상당 기간 유지하며 전례 없는 수준의 양적완화로 경기를 부양한 반면, 같은 시기 중국의 재정정책과 통화정책은 상대적으로 신중하게 진행되었다. 위쪽의 중국 기준금리 추이 차트를 보면 코로나19 사태 이후에도 크게 금리인하를 안 한 것을 알 수 있다. 기준금리를 내리는 속도가 0.05~0.15% 정도로 상대적으로 매우 경미한 정도이다.

늘어나는 비트코인 자산

마지막으로 비트코인을 예로 들 수 있다. 2021년 말 기준 미국(21만 4,046개), 중국(19만 4,000개), 우크라이나(4만 6,351개), 엘살바도르(2,381개), 핀란드(1,981개), 노르웨이(1,680개), 조지아(66개)의 순으로 보유량이 알려져 있다. 이는 공식 통계가 아닌 뉴스에서 알려진 사실을 합친 결과로, 실제로는 이보다 훨씬 더 많을 것으로 추정된다. 비트코인은 전체 채굴 가능한 양이 2,100만 개로 정해져 있고 4년에 한 번씩 반감기 때에 채굴량이 반으로 줄어들어, 인플레이션을 헤지할 수 있는 가장 강력한 수단으로 떠올랐다. 실제로 비트코인은 이미 세계 금융시장에 정식 종목으로 채택되어 ETF(Exchange Traded Fund, 주식처럼 거래가 가능하고, 특정 주가지수의 움직임에 따라 수익률이 결정되는 펀드) 투자상품으로 판매되고 있다.

미국에서는 2021년 선물 ETF를 도입해 선물시장에서 비트코인을 ETF로 거래할 수 있게 했다. 비트코인에 적대적인 입장이었던 중국도 2023년 6월 홍콩에서 비트코인 선물 ETF를 개시해 개방하기 시작했다. 현물 ETF는 순차적으로 출시되고 있는데, 2021년 12월 캐나다에서 출시되었고, 2023년 7월 네덜란드에서도 출시되었다. 미국에서도 현물 EIF 출시가 꾸준히 시도되고 있는데, 세계 최대 자산운용사 블랙록 이외에 많은 운용사가 2023년 6월 출시 신청을 해 곧 승인을 앞두고 있다.

수익률도 꽤 좋은데, 2020년 기준 미국은 한 해 동안 비트코인으로 무려 41억 달러가 넘는 금액을 벌어들인 것으로 나타났다. 11억 달러로 2위를 차지한 중국의 세 배에 가까운 수치다. 뒤이어 일본이 9억 달러로 3위에 올랐다. 대한민국은 2020년 기준 4억 달러의 수익금을 기록했다. 참고로 이는 정부 소유 비트코인 수익이 아닌 국민 전체의 비트코인 수익률이다.

무한정 발행이 가능하고 이미 갚을 수 없는 정도로 불어난 빚이 있는 달러는 전망이 밝지 않다. 미국 정부도 그 사실을 인지하고 다른 통화, 자산 비율을 늘리고 있다. 특히 비트코인의 경우 미국은 정부가 보유한 비트코인보다 미국 각 기관이 보유한 비트코인 수량이 압도적으로 많다. 대표적으로 마이크로스트래티지(약 13만 개), 그레이스케일(약 65만 개), 테슬라(약 1만 개)를 예로 들 수 있다. 미국은 비트코인 선물 ETF를 공식적으로 출시했으며, 현물 ETF도 곧 승인할 것으로 보인다. 달러의 위기를 인정하고 다른 통화 수단으로 포트폴리오를 옮기는 과정이라고 생각한다.

2장

종이화폐의 문제

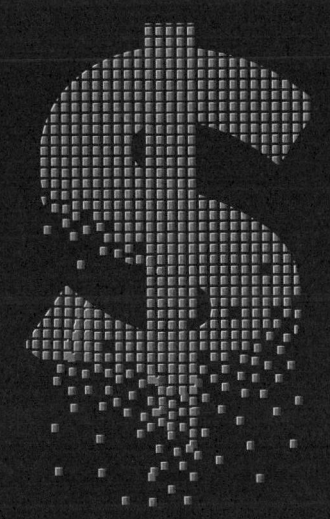

종이화폐는 당신의 자산을 지켜주지 못한다

　1990년대 이하 세대들은 초등학교 때 교과서에서 저축의 중요성을 많이 보았을 것이다. 교과서, TV 광고 등에서 '저축을 하면 이자를 받고 부자가 될 수 있다'는 광고를 많이 했다. 심지어 공익광고협의회에서 TV 광고에 자린고비를 등장시키면서 자린고비처럼 아끼고 은행에 열심히 예금하면 부자가 될 수 있다고 가르쳤다. 심지어 1970년대에는 은행 정기 예금 이율이 20%를 훌쩍 넘었기에 은행에 예금만 하더라도 이자가 꽤 짭짤했다.
　그러나 지금은 어떤가? 어떠한 책, 교과서, 광고에서도 현금을 그냥 모으고 은행에 저축만 해서 부자가 된다고 말하지 않는다. 사실상 이제는 현금만 모아서는 부자가 되기 힘들다는 사실을 사회 기득권층에서도 어느 정도 인정하는 분위기이기 때문이다. 예외적으로 현금만 모아서 부자가 될 수 있는 방법은 물가상승률, 자산상승률보다 훨씬 더 빨리 많은 현금을 버는 것이다. 매달 5,000만 원에서 월 1~2억 이상씩 돈을 번다면 현금을 모아 은행에 저축만 해도 충분하다. 하지만 이러한 경우는 몇몇 연예인, 운동선수, 고소득 전문 개인사업자에게 해당할 뿐이다.

물가, 집값, 세금의 상승

나머지 대부분의 국민은 매달 직장에서 받는 급여로 생활한다. 문제는 이 월 급여, 즉 월급의 상승률이 물가상승률, 집값상승률, 커져가는 세금에 비해 턱없이 부족하다는 사실이다. 고용노동부는 매년 물가상승률 대비 임금상승률인 실질임금상승률을 발표한다. 2022년 실질임금상승률은 0%다. 즉, 물가상승률을 제하면 근로자들의 임금이 전년 대비 동일

| 연도별 실질임금 추이 |

(단위: 천 원)

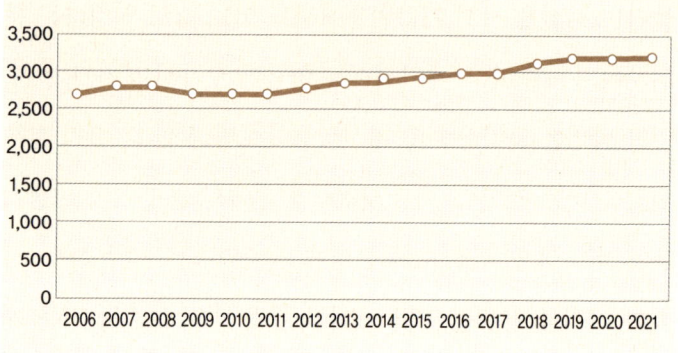

출처 : 고용노동부

| 미국 실질임금상승률(전월 대비) |

(단위: %)

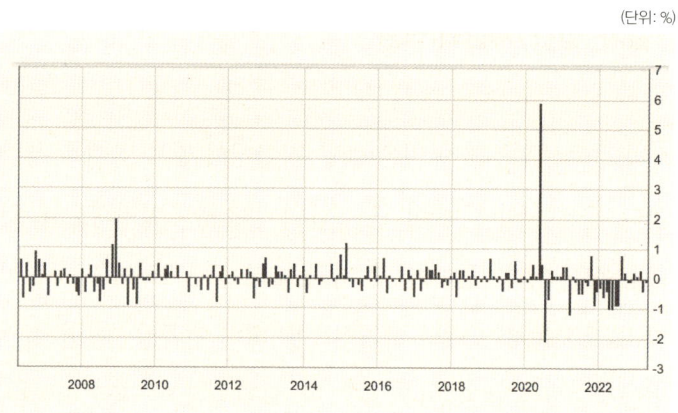

출처 : 인베스팅닷컴

했다는 뜻이다. 특히 300인 미만 중소기업 종사자들은 실질임금상승률이 마이너스로 오히려 줄었다. 연도별 실질임금 추이를 보아도 15년 전과 비교해 큰 차이가 없다.

미국의 경우는 더 심각한데, 전월 대비 실질임금상승률을 보면 마이너스인 월과 플러스인 월이 비슷하다.

물가상승률보다 더 심각한 것은 국민의 주거와 밀접히 관련돼 있는 집값상승률이다. 2022년 2월 전국경제인연합회 산하 한국경제연구원의 연구조사에 따르면 2016~2021년 동안 근로자 명목 임금은 17.6% 올랐지만 아파트 중위 매매 가격은 41.7% 올랐다. 서울 지역은 더욱 충격적으로, 77.8%가 올랐다. 2021년 기준 평균적인 근로자가 한 푼도 쓰지 않고 돈을 모아 평균적인 집을 사는 데 걸리는 기간은 21.0년이라고 한다. 물론 이 기간에 대한민국 집값이 급격히 올랐다고 반박할 수도 있다.

그래서 그 추이를 1999년부터 2019년까지 20년의 긴 기간 동안 조사한 2020년 KB부동산, 고용노동부의 〈사업체노동력조사〉를 보겠다. 간단히 요약하면 1999년부터 서울 아파트 가격은 연평균 6.4% 상승했지만 근로자 평균 임금은 연평균 4.6% 상승했다. 다음 그래프를 보면 더 확실히 알 수

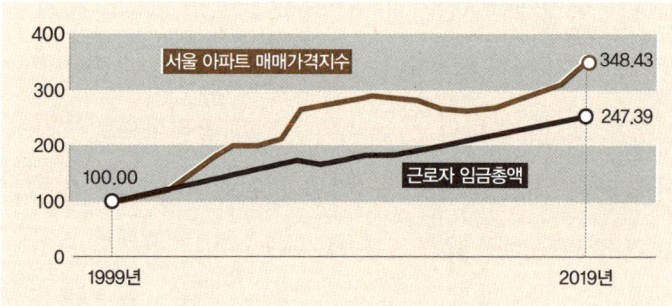

| 20년간 서울 아파트 매매가격지수 vs 근로자 임금총액 증가 추이 |

(*1999년 서울 아파트 매매가격지수=100기준, 1999년 근로자 임금총액=100 기준으로 변환)

출처 : 머니투데이(2020.7.30.) | KB부동산, 고용노동부 '사업체노동력조사'

있다. 시간이 지날수록 임금과 아파트 간의 격차가 커지고 있음을 알 수 있다.

이는 비단 국내 문제만이 아니다. 영국은 2021년 한 해 동안만 평균 집값이 9.7% 올랐다. 미국은 2010년대 초 이후 2022년 말까지 매달 집값이 120개월이 넘게 연속으로 상승했다. OECD의 주요 40개국 조사 결과 2011년 집값을 100으로 했을 때 2021년 기준 평균치는 130.93이었다. 10년 전과 비교해 30% 이상 높은 상태였으며 캐나다, 미국, 헝가리, 독일 등의 선진국들은 10년 전보다 무려 50% 이상 집값이 오른 것으로 조사되었다.

마지막으로 세금이 있다. 실질임금상승률은 거의 비슷한데 이상하게 세금은 계속 늘어나고 있다. 2022년 2월 전국경제인연합회 산하 한국경제연구원의 연구조사에 따르면 2016~2021년 동안 근로자 명목 임금은 17.6% 올랐지만 근로소득세와 사회보험료는 39.4% 상승했다. 즉 5년간 근로소득세와 사회보험료 부담은 임금인상률 대비 2배 이상 증가했다는 뜻이다. 이 기간에 직장인의 월평균 임금(1인 이상 사업체)은 310만 5,000원에서 365만 3,000원으로 17.6% 올랐다. 하지만 같은 기간 근로소득세·사회보험료 부담은 36만

| 근로소득세·사회보험료 상승률 |

(단위: 원)

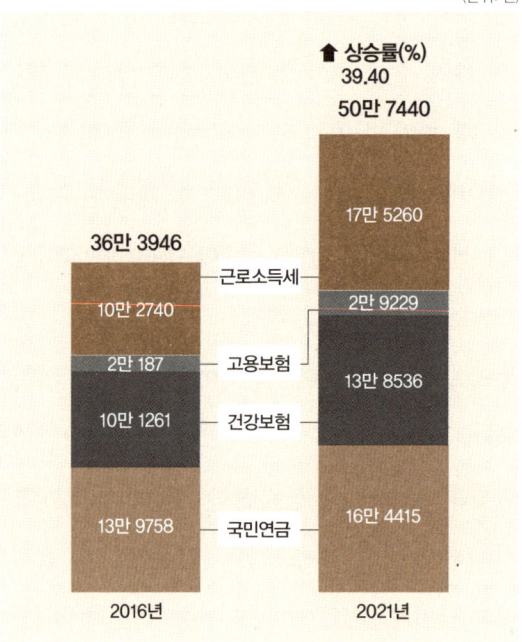

출처 : 한국경제연구원

3,000원에서 50만 7,000원으로 39.4% 증가했다. 특히 근로소득세만 산출했을 때에는 10만 2,740원에서 17만 5,260원으로 70.6% 늘었다.

현대 자본주의 사회는 종이돈을 찍어내면서 버티는 구조이기 때문에 국가 채무도 계속 늘어날 수밖에 없다. 채무가 늘어나도 어차피 돈을 찍어내면 되는 도덕적 해이가 발생하기 때문이다. 지도자층이 본인들의 욕심을 채우고 대중의 인기를 얻기 위해서는 계속 돈을 찍어내면서 버티는 수밖에 없다. 그런데 돈을 찍어내는 것으로도 부족했는지 이와 더불어 세금을 더욱 많이 징수하면서 국가 빚을 메우고 있다. 이는 국내뿐만 아니라 세계적인 추세이다. OECD가 발표한 2020년 기준 GDP 대비 세금 비율을 확인해보면, 덴마크 46.5%, 프랑스 45.4%, 벨기에 43.1%, 핀란드 41.9%, 네덜란드 39.7% 등 우리가 알고 있는 유럽의 선진국들은 엄청난 세금을 부과한다. 참고로 한국은 28.0% 수준이다.

결국 다른 사람들과는 비교할 수 없을 정도로 돈을 빠르게 많이 버는 몇몇 재능 있는 사람이 아닌 이상, 종이화폐(현금)를 그냥 보관하거나 실질금리가 거의 제로인 은행에 예금하는 것은 오히려 재산을 까먹는 행위일 뿐이다. 가만히 있어도 물가, 집값이 임금상승률보다 빠르게 오르고 있으며 세금도 점점 커져만 가고 있기 때문이다. 그럼에도 불구하고 아직까지도 월급과 저축만이 미덕이라고 여기는 사람들이 있다면, 물가상승률, 집값상승률, 세금상승률 실제 통계 수치를 다시 한번 보길 바란다.

종이화폐는 경제위기에 취약하다

대략 10년에 한 번 오는 경제위기설이 있다. 1998년 아시아발 금융위기, 2008년 리먼브라더스발 금융위기, 2020년 코로나19발 위기 등 약 10년에 한 번씩 세계적으로 큰 경제적 공황이 오고 있다. 이유는 제각각이지만 결론은 항상 같았다. 중앙정부는 금융위기를 극복하기 위해서 종이화폐를 무제한 찍어냈고, 종이화폐만 지니고 있었던 일반 서민들은 한순간에 빈곤층으로 전락했다.

가장 최근에 있었던 코로나19발 금융위기에서 가장 유행했던 신조어가 '벼락거지'이다. 현금만 들고 있었던 사람들이 화폐가치가 떨어지고 다른 자산들의 가격이 급격히 오르자 상대적으로 빈곤해진 자신을 자조적으로 비하한 말이다. 미국을 중심으로 전 세계에서 급격하게 화폐를 찍어내면서 전 세계 모든 물가, 자산 가격이 급격히 상승했다. 불과 2~3년 만에 서울 아파트 가격이 2~3배 이상 오르는 기현상이 나타났다. 주식, 암호화폐 가격도 천정부지로 올랐다. 일반적인 서민들이 근로소득으로 저축해서는 절대로 모으지 못할 돈을 빚을 내서 부동산, 주식, 암호화폐에 투자하면 쉽게 벌곤 했다. 자산 가격이 급속도로 성장하자 그동안 현금만 들고 있었던 대부분의 서민도 막차라도 타자는 심정으로 부동산, 주식, 암호화폐에 뒤늦게(심지어 어떤 이들은 이른바 '영혼까지 끌어모아' 무리하게) 투자했지만 이내 곧 거품이 꺼지면서 엄청난 손해를 보았다. 자산 가격 거품으로 이득을 본 사람들은 기존부터 자산을 많이 보유하고 있던 재력가 또는 일종의 단타 투자로 짧게 이득을 본 투기꾼 정도이고, 대부분의 서민은 피해를 보았다.

반복되는 경제위기

사실 이러한 역사는 항상 반복되었다. 우리는 가장 최근의 사건만 기억하지만, 그전에도 비슷한 역사가 반복되었다. 2008년 금융위기도 비슷했다. 2000년대 들어서 미국 부동산 가격은 말 그대로 하늘 높이 계속 치솟았다. 74쪽 그림은 인플레이션을 보정한 후 국채, 인구, 건축비 대비 집값 상승률을 보여준다. 2000년대 이후 갑자기 급격하게 증가함을 알 수 있다. 인구상승과 건축비가 증가하는 것에 비해 집값이 갑자기 상승하기에 외부요인에 의한 투기 또는 거품이라고 볼 수밖에 없다.

부동산 가격에 거품이 일자 너도나도 부동산에 투자하기 시작했다. 일반 급여 생활자, 일용직 생활자, 심지어 매춘부들까지 빚을 내서 부동산을 구매했다. 실화를 바탕으로 한 영화 〈빅쇼트〉를 보면 스트리퍼가 빚을 내서 부동산을 3~4개씩 구매하고 자랑하는 장면이 나올 정도로 아무것도 모르는 사람들이 '부동산 = 무조건 상승'이라는 믿음을 가지고 있었다. 문제는 부동산 가격이 너무 올라가자 2006년을 고점으로 서서히 하락하기 시작했고, 시세차익을 노리고 빚을

| 인플레이션을 감안한 미국 주택 가격, 인구, 건축 비용 및 채권 수익률(1890~2005) |

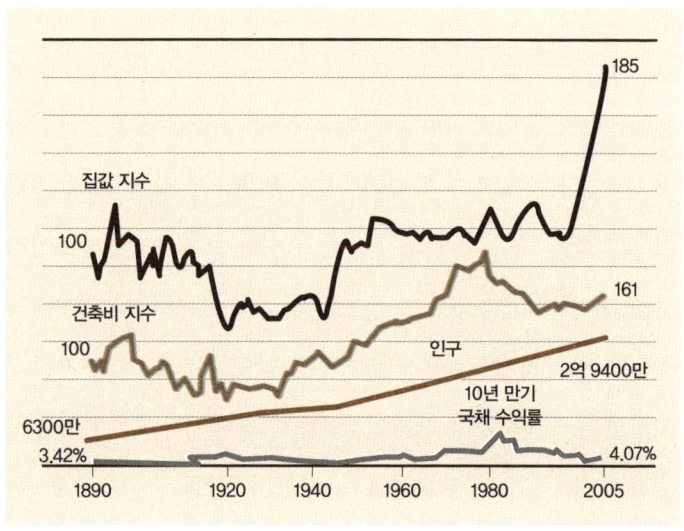

출처 : 로버트 쉴러, 《비이성적 과열(Irrational Exuberance)》

낸 막차를 탄 서민들이 피해를 보기 시작했다는 점이다. 그들 대부분은 주택 담보 대출을 받은 사람들이었기에 부동산 가격이 하락하자 적잖은 손해를 감수하고 집을 팔지도 못하고 대출금도 갚지 못하는 처지가 되었다. 그리고 이와 연계되었던 증권상품이 부실화되었고 금융시장이 무너졌다.

이때 가장 피해를 보았던 사람들은 부동산 가격이 마지막 피날레를 펼칠 때 막차를 탔던 서민들이다. 이때에도 비슷하다. 2000년 전후 닷컴버블의 충격을 흡수하고자 국가가 2001~2006년 기간 동안 1% 내외의 기준금리를 유지하며 양적완화(돈 풀기)를 자행하자 유동성이 부동산 시장에 흘러가 거품을 만들었기 때문이다. 부동산 가격이 급등하자 서민들은 노동으로 버는 돈보다 빚을 내 투자수익을 거두는 게 더 큰 이득이라고 생각하고 투자 막차를 탔으며, 이는 부동산 시장 붕괴라는 결말을 맺게 되어 큰 손실을 불러왔다. 76쪽 그림을 보면 2008년 금융위기 직전에 급격하게 부채 비율이 증가함을 알 수 있다. 빚을 내서 투자한 사람이 급격히 늘었다는 방증이고, 대부분 나쁜 결말을 보았다.

이번 장에서 다 설명할 수는 없지만, 주기적으로 찾아오는 경제위기는 모두 비슷한 패턴을 보였다.

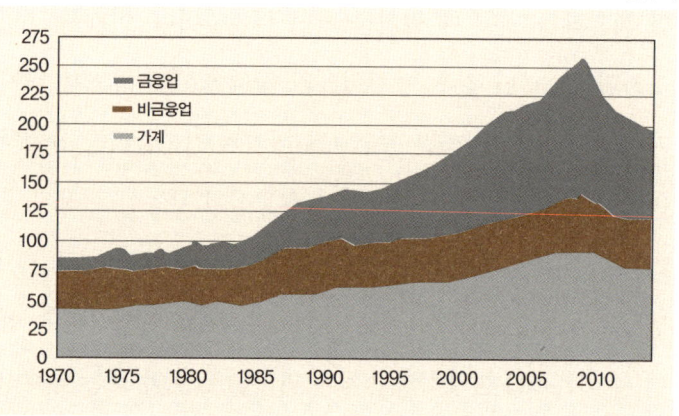

| 미국 GDP 대비 부채 비율 |

출처 : FRED(연방준비제도이사회 경제지표)

경제위기 → 금리인하 및 돈 풀기 정책 → 자산 가격 급등 → 시세차익을 노린 투기 증가 → 저신용자들의 대출 증가 → 대출과 관련한 금융 상품 증가 → 자산 가격 거품 붕괴 → 저신용자들의 채무 불이행 증가 → 관련 금융 상품 부실화 → 공포 확산 → 경제위기

위와 같은 사이클이 계속 돌고 있다. 그리고 이러한 사이클은 대략 10년에 한 번씩 오고 있다. 이유는 매번 다르게 명명한다. 아시아발 금융위기라든지, 모기지발 금융위기라든지, 코로나19발 금융위기라든지 이름이 조금씩 다르고 촉발 요인이 다를 수는 있지만 근본 원인은 항상 똑같았다. 그리고 이렇게 10년에 한 번씩 찾아오는 경제위기마다 항상 피해는 보는 당사자는 현금을 보유한 서민들이었다. 현금만 보유하고 있자니 정부의 돈 풀기 정책으로 상대적 빈곤이 더 악화되고, 그렇자고 자산에 투자를 하자니 이미 자산 가격이 너무 올라가 있어서 빚을 내서 늦게라도 투자를 해보지만 거품 붕괴로 어김없이 피해를 본다. 거품이 터지는 시점이 언제인지는 아무도 모른다. 가끔 운 좋게 눈치 게임을 잘해 '치고 빠지기'에 성공한 단타꾼 몇몇만 막판에 약간의 이득을 챙길 수 있지만 대부분은 손해를 보고 만다.

경제위기와 종이화폐의 가치 하락

경제위기에 따른 자산 손실을 미연에 방지하기 위해서는 '잃지 않는 자산'에 투자해야 한다. 수도권 부동산, 우량주, 비트코인에 미리 투자를 했더라면 대략 10년에 한 번씩 오는 경제위기에 버틸 수 있다. 하지만 대부분의 서민은 현금으로 하루 벌어 하루 먹고살기 때문에 자산에 투자할 여유가 없을뿐더러 자산 가격에 거품이 빠졌을 시기에는 오히려 자산시장에 관심을 끄게 마련이다.

현재 가장 큰 거품은 미국 정부에 있다. 미국은 최근 몇십 년간 단 한 번도 경상수지 흑자를 낸 적이 없다. 즉 매년 국제간 무역에서 적자를 보였다. 그 결과로 미국 정부의 채무는 매년 쌓여가고 있다. 불행 중 다행인 사실은 채무가 쌓여도 미국 정부는 기축통화국이기 때문에 달러를 찍어내거나 국채를 발행해서 급한 불을 끄고 있다는 점이다. 그래도 외부의 시선을 고려하고 경제 안정을 위해 어느 정도 한계를 두어야 하니 부채한도는 의회에서 지정하고 있는데, 1960년 이후 80번 가까이 그 한도를 늘렸다. 계속해서 부채가 늘어나는 사실상 대단히 안 좋은 상황이지만, 미국 정부는 딱히 대안이 없어서 그냥 계속 부채한도를 늘리고 있다. 부채한도를 늘리지 않았다가는 공식적으로 미국 정부가 파산상태에 들어가 미국 및 세계경제가 심각한 침체에 빠지기 때문이다.

아직 공식적이지 않지만 사실상 거의 국가부도 상태인 미국 정부가 발행하는 기축통화 달러 및 달러의 지배를 받는 다른 종이화폐들은 나쁜 결말을 볼 것이다. 미국 정부가 더는 감당하지 못할 정도로 부채가 쌓이거나 다른 국가들이 미국경제와 달러를 불신하게 되는 순간, 종이화폐 경제는 무너질 것이다. 그렇지 않더라도 대략 10년에 한 번씩 찾아오는 경제위기마다 종이화폐의 가치는 급격하게 하락하고 있으며, 종이화폐를 보유하고 있는 대부분의 서민들이 가장 직격으로 타격을 받고 있다.

위조에 취약한
종이화폐

　종이화폐 현금의 가장 큰 문제는 위조지폐다. 각 중앙은행들이 위조지폐를 막기 위한 각종 장치들을 지폐에 추가하고 있지만, 사실상 국민들이 지폐를 보면서 이게 진짜인지 가짜인지 감별하기는 거의 불가하기에 위조지폐는 계속해서 극성을 부리고 있다. 그리고 고액권은 위조지폐 유통을 어느 정도 철저히 감시하는 반면, 소액권 같은 경우에는 별로 신경도 안 쓰고, 전통시장 등 중앙정부의 통제가 벗어난 곳에서 유통되기에 막을 수 있는 방법이 딱히 없다.

　미국 100달러 지폐를 기준으로 지폐를 식별하고 위조를 보호하기 위해서 다음과 같은 6가지 기술이 사용된다.

1) 시리얼 번호와 유리온 별자리
- 제작 데이터를 기록하고 얼마나 많은 개별 지폐가 유통되고 있는지 추적하기 위한 고유번호와 번호 근처에 노란색 고리를 별처럼 묶은 무늬

2) 색상 변경 잉크
- 오른쪽 아래 구석에 각도에 따라 색이 변하는 잉크로 가치가 표시되어 있음

3) 마이크로프린트
- 육안으로는 볼 수 없도록 매우 작게 "USA 100" 문구가 여러 곳에 쓰여 있음

4) 음각 인쇄
- 자기 잉크를 사용한 지폐 고유 번호

5) 보안 스레드 및 3D 리본
- UV 빛 아래에서만 지폐의 가치를 볼 수 있는 텍스트가 보임. 또한 3D 리본이 움직임에 따라서 변화함

6) 용지, 섬유 및 워터마크
- 면과 리넨으로 만들어지며 워터마크를 삽입

대중적으로 알려진 정도가 이 정도이며 알려지지 않은 기밀사항까지 하면 더 많을 것이다. 그럼에도 불구하고 지폐 전문가들도 판별하기 힘든 위조지폐, 이른바 '슈퍼노트'들은 끊임없이 생산되고 있다.

북한을 비롯한 구소련권 공산 국가들은 어려운 경제를 회복하고자 달러 위조를 국가산업처럼 육성해서 굉장히 정밀한 위조지폐를 만들어내곤 했다. 이에 미국 정부에서는 2010년대 초반 FBI 요원들이 아예 갱단의 내부자로 침입해 결혼식 등 파티를 일부러 열어 범죄자들을 한꺼번에 체포하는 방식을 쓰는 등 위조지폐 제조 세력을 없애는 데 공들이고 있다.

사실 최근에는 개인이든 기업이든 온라인상에서 은행 간

계좌거래를 활용하는 일이 많기 때문에 예전보다는 실물 지폐를 사용하는 경우가 드물다. 그럼에도 위조지폐는 여전히 기승을 부리고 있다. 더욱 심각한 사실은 정밀하게 위조된 지폐들이 환전을 통해 진짜 지폐로 바꾸거나 은행 입금을 통해 전자화가 되어버린다는 것이다. 위조지폐가 진짜 지폐 또는 전자화가 되어버린 순간, 해당 위조지폐는 다른 사람들에게 유통되어 죄 없는 다른 사람들이 위조지폐를 쓰게 되고 최초 유포자는 알 길이 없어진다. 어떻게 금융기관인 은행에서 위조지폐도 감별하지 못하느냐고 놀랄 수 있지만 실제로 이런 일들이 빈번히 발생한다.

2022년 8월 16일자 YTN 기사(《환전하다 100달러 위조지폐 무더기 발견…경찰 수사》)를 보면, 한 시민이 한 은행에서 달러를 환전한 후 일부를 쓴 다음 다시 원화로 환전해 다시 다른 지점 은행에 예금을 하려다가 위조 달러라는 사실을 발견했다. 그러나 은행도 은행 안에서 지폐가 이동한 과정에 대한 기록이 명확히 없어서 최초 유포자를 찾을 길이 없었다.

위조지폐 현황

　2020년 서일준 의원이 조사한 결과 일부 5만 원권 위조지폐는 홀로그램까지 별도로 그리고 붙여 진짜 지폐의 앞·뒷면을 분리한 후, 분리된 각 진폐眞幣에 위조된 면을 붙이는 수법으로 제작돼 현금인출기ATM마저 통과한다고 밝혔다. 한국은행은 이에 심각성을 느끼고 3년여간 전국 은행에 위조지폐와 관련해 '주의 촉구' 공문을 600여 차례 보낸 것으로 나타났다. 2~3일에 한 번씩 공문을 발송한 셈이다.

　2018년 한국은행이 조사한 〈화폐정사(한은에 돌아온 돈의 사용가능 여부를 판정하는 조사) 결과 위조지폐 발견 현황〉 자료에 따르면 2016~2018 3년간 14개 시중은행이 한국은행에 보낸 은행권(1,000원~5만 원권 지폐) 933장이 위폐였던 것으로 드러났다. 위조지폐 발견 수량이 가장 많은 은행은 농협이었고, 다음으로는 수협이었다. 농협에서 들어온 위폐는 전체 위폐의 58.0%를 차지했다. 이러한 이유로는 전통시장 거래로 발생한 지폐를 상인들이 단위농협에 입금하고 이를 농협이 한국은행에 입금했기 때문이다. 전통시장에서 현금으로 돈을 주고받았으니 당연히 최초 유포자를 잡을 수 없다. 그

| 화폐정사 결과 위조지폐 발견 현황 |

(단위: 장)

은행	2016	2017	2018.9	3년 합계
KEB하나	2	3	6	11
SC제일	26	14	11	51(5.4%)
국민	3	11	5	19
신한	1	3		4
우리	8	7	7	22
기업	10	21	12	43(4.6%)
산업			2	2
농협	196	178	168	542(58.0%)
수협	69	72	36	177(18.9%)
대구	13	1	15	29
광주	4	5	2	11
경남	3			3
전북	1	3	9	13
제주	3	3		6
연도별 합계	339	321	273	933(100%)

출처 : 한국은행

리고 앞의 표는 시중은행에서 거르지 못한 위조지폐 중 한국은행이 2차 검수를 통해 위조지폐로 판별한 숫자이며, 한국은행에 입금되는 금액이 시중은행 예금보유량 중 상대적으로 적은 비율임을 감안하면 실제 위조지폐 유통량은 이보다 훨씬 많다고 추정할 수 있다.

세계 최강대국인 미국과 선진국인 대한민국에서도 이렇게 위조지폐가 기승을 부리고 있으니, 상대적인 경제 약소국에서는 상황이 어떨지 충분히 짐작할 만하다. 높은 인플레이션으로 고통을 겪고 있는 아르헨티나의 경우 위조지폐로 이중 고통을 겪고 있다. 위조지폐 유통량이 아예 스케일이 다른데, 가장 고액권 위폐가 1년에 10만여 장 적발되고 있다. 적발 건수만 해도 이러하니 실제 유통량은 훨씬 더 많을 테다. 이는 세계적 이슈로도 대두되어 여러 책에서도 아르헨티나 여행담으로 소개되기도 했다.

예전이긴 하지만 1994년 9월 9일자 《한겨레》 기사(〈'위조지폐' 배후 국제조직 가능성〉)를 보면 동남아, 남미, 아프리카 등 감별능력이 부족한 개발도상국들 안 유통화폐의 30%선이 가짜라고 추정하기도 했다. 지금은 이전보다는 줄었겠지만 여전히 개발도상국들에서 위조지폐는 큰 문제가 되고 있다. 간단히 구글에 검색을 해보아도 이들 나라에 여행을 갔다가 위조지폐를 자기도 모르게 받게 되었다는 경험담을 쉽게 찾아볼 수 있다.

가뜩이나 높은 인플레이션으로 화폐가치가 급속도로 떨어지고 있는 개발도상국들에게 위조지폐는 화폐가치 하락과 더불어 아예 화폐에 대한 신뢰성을 무너뜨리는 큰 문제이다. 하지만 당장 경제 복구와 치안 유지에 급급하기에 위조지폐 검열 및 소탕이 제대로 이뤄지기는 쉽지 않아 보인다. 아르헨티나, 콜롬비아, 페루, 에콰도르 등 위조지폐가 기승을 부리는 주요국들은 아예 갱단이 위조지폐 전문 공장을 크게 짓고 기업형으로 움직이는 경우가 대다수다. 시민들도 이 사실을 알고 있기에 자국 화폐보다는 달러, 금, 비트코인을 더 신뢰하고 자국 화폐가 생기는 즉시 다른 것으로 바꾸는 게 일상이 되었다. 실제로 2023년 4월 26일 기준 아르헨티나에서는 비트코인이 글로벌 비트코인 가격인 2만 7,000달러보다 130% 정도 높은 6만 2,000달러에 거래되고 있다. 남들보다 2배 이상 가격이 높은 데도 사재기를 하는 현황이 벌어지고 있으며, 이는 자국 화폐에 대한 신뢰가 완전히 무너졌음을 방증한다.

디지털화폐의
등장과 문제점, 현황

최근 핫한 이슈 중 하나가 화폐의 디지털화이다. CBDC Central Bank Digital Currency라 불리며, 핵심은 실물 종이화폐 대신 가치가 전자적으로 저장되며 이용자 간 자금 이체가 전자기능을 통해 이루어진다. 법정통화로서 실물 종이화폐와 동일한 교환비율이 적용되어 가치변동의 위험이 없고 중앙은행이 발행하므로 화폐의 공신력이 담보된다. 설명만 듣고 보면 위조, 분실, 훼손의 위험이 있는 실물 종이화폐를 보완했으며 디지털화로 편리함까지 갖추었으니 완벽하다고 볼 수 있다. 또한 국가 입장에서는 경제활동에 필수적인 모든 자금 거래를 파악할 수 있어 과세 근거를 100% 추적할 수 있다. 따라서 '지하경제'라는 것이 아예 존재할 수 없게 된다.

하지만 CBDC로 바뀌어도 가장 큰 문제인 무제한 발행문제를 해결할 수 없다. 종이화폐에서 디지털화폐로 바뀌었을 뿐, 여전히 국가가 마음만 먹으면 무제한 발행을 할 수가 있다. 이전에는 그래도 실물 종이든 동전이든 무언가를 '제조' 해야 했다면 이번에는 프로그래밍 코드로 발행을 하면 되어 발행이 더욱 쉬워졌다. 따라서 CBDC로 바뀌어도 금본위제에서 벗어난 불태환 화폐라는 근본적인 문제점을 해결하지 못한다.

CBDC의 문제점

또한 CBDC는 편리함 못지않게 큰 문제점들을 안고 있다. 우선 CBDC 발행에 따른 가장 큰 단점은 익명성이 보장되지 않는다는 점이다. 일반적인 화폐는 은행 창구 밖에서는 익명성이 보장되지만 CBDC는 전혀 그렇지 못하다. 정부가 개인의 경제활동을 감시할 수 있으며, 마음만 먹으면 개인이 보관하고 있는 디지털화폐를 사용하지 못하게 할 수도 있다. 실제로 중국이 CBDC를 먼저 도입한 이유는 중국의 금융 시스템이 대부분 국가 소유이기 때문에 디지털화폐를 통한 계획경제 수립에 가장 잘 맞아떨어지기 때문이다.

두 번째는 특정 통화로의 쏠림 문제가 있다. 미국 달러가 기축통화이지만 세계 대부분의 나라 국민들은 자국 화폐를 보유하고 있다. 대한민국 국민이 달러를 원화보다 많이 보유하는 경우는 드물다. 이는 자국에서 물건을 구매할 때 환전을 해야 하는 어려움 등이 동반되기 때문이다. 하지만 디지털화폐가 도입된다면 디지털 달러, 디지털 위안화 등의 보유가 간편해질 것이고, 통화가치가 불안정한 개발도상국들 국민들은 자국 디지털화폐보다는 강대국 디지털화폐를 보유할 것이다. 그 결과 개발도상국들의 화폐는 사실상 무용지물이 되어버려 가뜩이나 어려운 경제가 더 어려워질 수 있다. 자국 화폐에 대한 국민들의 수요 하락은 곧 환율 상승을 불러와 수입 원자재 가격 상승, 물가상승 등으로 이어지고 국가경제의 몰락을 초래할 수 있다.

세 번째로 시중은행의 필요성이 없어진다. 현재까지는 중앙은행, 시중은행으로 나뉘어 중앙은행이 펼친 정책을 시중은행이 중개하는 역할을 했다. 예를 들어 중앙은행이 금리를 내리거나 올릴 때 사람들에게 실제로 돈을 공급하거나 회수하는 일은 시중은행들이 담당했다. 그러나 CBDC가 시행되면 시중은행 없이 다이렉트로 중앙은행이 국민들의 계좌에 돈을 넣고 뺄 수 있게 된다. 이는 정부(중앙은행)가 지금보다 훨씬 쉽고 빠르게 시중에 자금을 공급하고 회수할 수 있는 권력을 쥐게 된다는 뜻인데, 그럴 경우 정부의 경제적 영향력이 과도하게 커져 계획경제화로 빠져들 우려가 있다.

국가 입장에서는 국민들을 더욱 쉽고 편하게 통제할 수 있기 때문에 CBDC 도입 유혹을 뿌리치기 쉽지 않을 것이다. 2022년 9월 기준 글로벌 데이터 분석 기업 스타티스타 Statista가 전 세계 국가의 CBDC 연구 진행상황을 분석한 바에 따르면 108개국이 CBDC를 발행하거나 검토·연구하고 있는 것으로 확인됐다. CBDC 파일럿 단계를 진행하고 있는 국가는 대한민국을 비롯해 러시아, 태국, 말레이시아, 스웨덴, 아랍에미리트, 사우디아라비아 등 14개국이다.

디지털 위안화를 서두르는 중국

중국의 경우 디지털화폐가 이미 파일럿 단계를 지나서 종이화폐 위안화와 동급인 법정화폐의 자격을 지니고 정식으로 사용되고 있다. 중국은 2020년 10월 선전(深圳)시에서 최초로 디지털 위안화 사용을 시작했다. 이후 국가가 주도해 디지털 위안화 사용 가능처를 늘리면서 사용 건수와 거래액이 꾸준히 늘고 있다. 인민은행 발표에 따르면, 디지털 위안화 누적 거래액은 2021년 말 876억 위안(약 16조 7,000억 원)에서 2022년 8월 말 1,000억 위안(약 19조 750억 원) 이상으로 증가했다. 2022년 8월 말 기준 15개 성·시의 시범 운영 지역에서 디지털 위안화로 3억 6,000만 건 거래가 이뤄졌다. 시범 운영 지역도 점차 늘고 있다. 2023년 2월 말 기준 26개 성·시가 디지털 위안화를 도입했다. 해당 지역 내 시민이라면 누구나 쉽게 스마트폰에 디지털 위안화 앱을 내려받아 사용할 수 있다.

디지털 위안화는 국내용만이 아니다. 중국 정부가 추진 중인 위안화 국제화 야심도 중국이 디지털 위안화 상용화를 서두르는 배경이다. 국제 결제 시스템에서 현재 기축통화인 미국 달러화 패권을 약화시켜 미국과의 경쟁에서 조금이라도 이득을 보려는 목적이 크다. 국가 간 무역·투자 결제 통화 수단으로 위안화 사용을 늘려 최종적으로 세계 금융 시스템에서 달러화 영향력을 줄이고 위안화 위상을 높이려는 것이다. 중국은 여러 국가와 함께 국제 결제에 각국 중앙은행의 디지털 화폐를 쓰는 실험을 진행 중이다. 중국은 2022년 9월 홍콩·태국·UAE 중앙은행과 함께 출범시킨 다자 CBDC 플랫폼 프로젝트 mBridge(엠브리지)를 통해 첫 실시간 국가 간 결제 시범 테스트를 완료했다. 분산 원장distributed ledger 기술 기반 단일 공동 플랫폼을 이용해 각국 CBDC로 국가 간 결제를 하는 것이다. 기존 국제 결제 시스템은 높은 비용, 느린 속도, 불투명성 등이 문제로 지적됐다. 하지만 국제 결제망에 DLT를 적용하면 기존에 며칠씩 걸렸던 국제간 결제가 몇 초 만에 완료될 수 있다.

이에 기축통화국인 미국도 중국에 자극받아 CBDC 도입을 활발히 의논하고 있지만 아직 본격적으로 도입하지는 못했다. 이는 세계 기축통화국이라는 점과 중국과는 다른 자본주의 경제국가라는 점에서 몇 가지 고민거리가 있기 때문이다. 우선 뉴욕을 중심으로 한 세계 최대의 금융기관들을 보유한 미국으로서는 민간 시중은행, 증권사들의 역할을 축소시키는 디지털화폐 도입에 신중을 기할 수밖에 없다. 둘째, 중국과는 다르게 개인 인권과 개인정보 보호에 민감한 국민들이 CBDC 도입을 쉽게 찬성하지 않을 가능성이 크다. 셋째, 기존 종이화폐, 스테이블 코인(기존 화폐에 고정 가치로 발행되는 암호화폐), 외국 디지털화폐와의 관계, 환전 시스템 등에 대해 체계를 잡아야 한다. 미국은 기축통화국 지위를 지니기 때문에 미국이 디지털 달러를 공식화하면 디지털 달러뿐 아니라 다른 화폐들과의 관계 시스템 또한 구축해야 한다.

개인정보 보호 쟁점과 예상되는 문제

이 중 가장 쟁점이 되는 사항은 개인정보 보호다. 중앙은행이 직접 발행하는 CBDC는 설계하기에 따라 정부가 모든 거래를 파악할 수 있다. 실시간으로 사용자 계좌 내역 확인이 가능하다. 법원에서 영장을 발급받아 시중은행 거래 기록을 뒤질 필요가 없다. 탈세, 자금세탁 종류의 금융 범죄는 바로 잡아낼 수 있다. 당연히 금융의 투명성 제고, 범죄 예방 등

효율성 측면에선 탁월한데, 범죄가 아닌 '일반적인' 개인 거래까지 속속들이 파악할 수 있어 문제다.

미국의 인권단체들은 연준에 "디지털화폐가 반드시 현금 지폐 이상의 익명성을 가져야 하고, 그게 아니면 기술로 가능한 최대한의 익명성을 가져야 한다"고 요구하고 있다. 또한 현재에도 스테이블 코인이 있는데 굳이 국가주도의 디지털화폐를 발행할 필요가 없다고 덧붙이고 있다.

미국 정당 간에도 이와 관련해서 의견이 첨예하게 갈린다. 공화당은 개인정보 프라이버시 보호를 강조하며 CBDC 도입에 부정적이다. 반면 민주당에서는 중국이 디지털 위안화를 도입하는 상황에서 달러의 기축통화 지위를 유지하기 위해서 필요하다고 주장하고 있다.

결론적으로 CBDC 도입으로 종이화폐가 디지털화폐로 바뀌면 종이화폐의 불편함 및 위조, 탈세 등의 단점이 보완되겠지만 그에 못지않게 개인정보 보호, 정부의 경제 통제력 대폭 증대 등 다른 단점이 발생한다. 계획경제를 표방하는 중국이 강하게 CBDC 도입을 밀어붙이고 있으며 미국은 아직 미온적인 자세이고 다른 나라들은 실험 단계일 뿐이다. CBDC가 전 세계적으로 본격 도입되려면 아직 꽤 많은 기술적 실험과 정책적 합의가 이루어져야 할 것으로 보인다.

그리고 설사 CBDC가 본격적으로 도입된다고 하더라도 종이화폐가 지니는 본질적인 문제를 해결하지 못할 것이다. 오히려 중앙정부의 경제적 통제력이 대폭 상승해 국가정책의 실책이 중계기관 없이 곧바로 국가경제 전체에 영향을 끼칠 수 있는 위험한 상황이 올 수도 있다. 코로나19 사태와 비슷한 상황이 온다고 가정해보자. 종이 달러가 시중은행을 중간에 거치면서 유통되는 대신 디지털 달러가 정부의 결재가 떨어지자마자 국민들의 계좌로 바로 꽂히는 순간, 더욱 빠르고 더욱 급격한 인플레이션이 발생할 것이다.

3장
비트코인의 등장

2008년 글로벌 금융위기와 그 불만, 비트코인의 등장

　2008년 미국발 금융위기로 전 세계 국민들의 중앙정부와 금융당국에 대한 신뢰는 바닥을 쳤다. 미국 최고의 금융기관들이 파산을 했고 금융기관들을 믿고 예금, 채권, 각종 파생상품으로 그 기관들에 돈을 넣어두었던 국민들은 좌절에 빠졌다. 그 이후 이를 해결하기 위한 정부의 양적완화 정책으로 가만히 있던 국민들의 현금가치도 빠르게 떨어졌다. 이는 세계 최고의 금융 강대국인 미국과 그 금융기관의 능력에 본질적인 회의를 품게 한 사건이었으며, 미국의 위기가 곧 전 세계의 위기로 번질 수 있다는 미국 달러에 의존적인 전 세계 경제의 취약점을 보여준 사례이다.

당시 금융위기로 전 세계에서 많은 사람들이 실업에 빠지고 길거리에 나앉았다. 그러나 위기를 초래한 금융기관들은 정부의 양적완화 정책의 도움으로 곧장 회복해 보너스 잔치까지 벌였다. 이에 젊은 미국인들이 반발했고, 뉴욕을 중심으로 "월스트리트를 점거하라" 운동이 벌어지기도 했다. 이 시위는 뉴욕, 워싱턴 D. C, 보스턴, 필라델피아, 로스앤젤레스, 샌프란시스코, 마이애미, 시애틀 등 100개 도시에서 동조시위로 퍼졌고, 일본, 타이, 오세아니아, 캐나다, 브라질 등에도 퍼졌다.

금융기관들은 금융위기 때에 정부로부터 지원받은 자금을 대부분 제 몸집, 체질을 강화하는 데에 사용했다. 뉴욕 증시는 빠르게 상승했고 기업 이익이 급증했지만 일자리 늘리기는 외면했다. 또한 정규직보다는 계약직, 파트타임 채용만 늘었다. 금융위기 이후 몇 년이 지나도록 실업률은 9% 내외의 높은 수치를 유지했으며, 빚을 갚지 못한 국민들의 집 수백만 채가 압류당했다.

때마침 2008년 10월에 〈Bitcoin: A Peer-to-Peer Electronic Cash System〉이라는 제목의 9쪽짜리 논문이 암호기술 메일

링 리스트The Cryptography Mailing List에 올라왔고, 2009년도에 Bitcoin Core 프로그램이 공개되며 비트코인이 처음 발행되었다. 비트코인은 사토시 나카모토Satoshi Nakamoto라는 별명을 사용하는 익명의 프로그래머가 만든 오픈소스 소프트웨어로 맨 처음 도입된 것이다. 그간 BTC 창시자가 누구인지에 대해 수많은 풍문이 돌았으나 나카모토라고 지목된 인물들은 모두 공개적으로 이를 부인한 바 있다.

비트코인은 2008년 금융위기에 대한 대응책으로 각광을 받았다. 당시 주요 금융기관의 파산은 은행 시스템에 대한 신뢰도를 하락시켜 최초의 분산화된 P2P 금융 시스템인 비트코인의 성장을 이끌었다. 이 혁신적인 시스템은 은행과 개인이 처음으로 동등한 위치에 설 수 있게 했다.

최초의 비트코인은 창시자 사토시 나카모토 및 사토시 나카모토의 논문을 읽고 프로젝트에 참여한 몇몇 개발자, 수학자에 의해서 채굴되었다. 거의 장난 또는 실험적 프로젝트로서 사용되다가 2010년 5월 22일 미국 플로디아에 사는 라즐로 핸예츠Laszlo Hanyecz라는 프로그래머가 비트코인을 이용해 처음으로 피자 두 판을 구매한 사건으로 최초로 비트코인을 이용한 거래가 발생했다. 그 후 2010년 7월 일본에 마운트곡스 암호화폐 거래소가 생기면서 정식으로 비트코인이 거래되는 플랫폼이 생겼다. 당시 비트코인 정식 거래소 출범으로 비트코인의 가격이 약 한 달 만에 10배 이상 상승하는 기현상이 벌어졌다.

비트코인 네트워크에서는 '블록체인'이라고 불리는 공공원장에 그 결과를 공유한다. 이 원장에는 그간 처리되었던 모든 거래 내역이 기록되어 있다. 거래에 대한 디지털 기록은 '블록'으로 결합된다. 누군가가 이 거래 블록에서 한 문자나 숫자를 변경시키려 시도할 경우, 이는 다음에 나타나는 모든 블록에 영향을 미치게 된다. 따라서 하나의 블록을 조작하려면 연결된 모든 블록을 다 바꾸어야 하기에 애당초 조작 자체가 불가능하다. 왜냐하면 모든 블록을 다 조작하기도 전에 약 10분 후 새로운 블록이 또 생성되기 때문이다. 전통적인 은행이 중앙 DB를 철통같이 보안관리하면서 계좌 내역을 간직한다면, 비트코인은 블록체인 기반으로 분산, 협력적 방식으로 DB를 공유한다.

비트코인의 특성을 좀 더 자세히 살펴보면 다음과 같다.

◎ **탈중앙화**

사토시 나카모토가 비트코인을 창시할 당시 중점을 뒀던 주요 목적 중 하나는 네트워크가 어떠한 정부나 민간기관으로부터 간섭이 없이 독립성을 갖추어야 한다는 것이었다. 이 시스템은 모든 개인, 기업, 그리고 채굴과 거래 확인에 개입하는 기계까지 포함한 모든 것이 거대한 네트워크의 일부로 작동하도록 만들어졌다. 더구나 네트워크의 일부가 작동이 안 되는 경우에도 전체 시스템은 계속해서 작동할 수 있도록 설계되었다.

◎ **익명성**

전통적인 은행들은 신용 내역과 주소, 전화번호, 쇼핑 습관 등 고객들에 대해 모든 것을 알고 있다. 반면에 비트코인은 특정 개인과 연계되어 있지 않기 때문에 누가 무엇을 하는지에 대해 전혀 알지 못한다.

◎ **투명성**

모든 비트코인 거래는 블록체인상에 기록되어 있다. 따라서 특정 월렛(지갑) 주소를 알고 있다면 해당 주소의 거래

내역, 보유량을 알 수 있다.

◎ 신속성

비트코인 네트워크는 거의 실시간으로 결제를 처리한다. 예를 들어 한 사람이 지구 다른 쪽 끝에 있는 사람에게 송금을 할 경우 단 몇 분 만에 처리가 가능하다. 그런 반면 전통적 국가 간 은행 송금은 여전히 며칠이 걸린다.

◎ 취소 불가능성

비트코인을 누구에게 보낼 경우 수신자가 이를 반환하지 않는 한 이를 취소하는 것은 불가능하다. 이런 특성 때문에 누구에게 송금을 했는데 이를 받지 못했다고 사기 치는 것은 불가능하다. 반면 오발송의 위험도 있다. 주소를 잘못 입력하고 전송해버리면 다시는 찾지 못할 수 있다. 최근에는 트래블룰 같은 제도가 활성화되어서 암호화폐 송수신자의 정보를 전송 전에 미리 확인하고 있다. 따라서 오전송 위험이 크게 줄어들었다.

비트코인은 2145년까지 총 2,100만 개까지만 채굴, 발행이 가능해서 무제한 발행이라는 종이화폐와 비교해 금과 비슷한 희소성을 지닌다. 또한 중앙정부의 정책에 의해서 오락가락하는 종이화폐로 인한 경제문제를 완화하며 세계 어디서나 하나의 화폐단위로 전 세계가 쉽게 공유할 수 있다는 장점이 있다. 이제 비트코인의 경제, 기술적인 부분에 대해서 좀 더 심도 있게 살펴보겠다.

피자데이

비트코인 역사상 가장 의미 있는 날은 피자데이이다. 비트코인은 암호화폐 cryptocurrency 중 가장 가치 있는 화폐이며, 지금 글을 쓰고 있는 시점으로 약 3만 달러의 가치가 있다. 전고점은 6만 9,000달러였으며 한화로 8,000만 원이 넘었다. 그러나 비트코인이 최초에 탄생했을 때 아무도 비트코인의 가치가 이렇게 높아질 것이라 감히 상상도 하지 못했을 것이다. 하지만 피자데이를 기점으로 비트코인이 상품거래에 실제 쓰일 수 있다는 개념이 대중에게 알려졌으며, 이 이벤트가 최초의 암호화폐 거래소 설립에도 큰 영향을 끼쳤다.

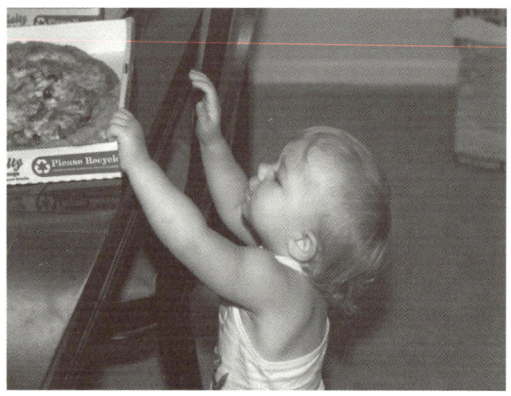

최초로 비트코인으로 거래한 피자

매년 암호화폐 커뮤니티는 5월 22일을 비트코인 피자데이라 부르고 기념한다. 미국 플로리다 출신의 초기 비트코인 채굴자이자 프로그래머인 라즐로 핸예츠는 비트코인 초기 개발에 큰 영향력을 끼친 사람 중 한 명이었다. 2012년 첫 반감기 이전에는 새로운 블록이 생성될 때마다 암호를 푼 채굴자들에게 50BTC를 줬다. 2010년만 하더라도 비트코인 개시 1년 남짓 된 시점이었기에 채굴 경쟁도 심하지 않았다. 따라서 일반인이 가정용 PC로 1만 BTC를 채굴하는 게 가능했다. 라즐로 핸예츠는 비트코인 커뮤니티 포럼에서 파파존스 피자 두 판을 주면 1만 BTC를 주겠다고 글을 올렸고, 4일 후 해당 거래가 성사되어 인류 역사상 최초의 비트코인 거래가 발생했다. 라즐로 핸예츠는 피자를 받은 후 딸이 피자를 먹는 사진을 커뮤니티에 올려 다른 이들에게 확인시켜주었다.

워낙 역사적인 사건이기에 해당 글 전문을 영어, 한국어로 각각 올리겠다. 해당 링크(https://bitcointalk.org/index.php?topic=137.0)를 통해 직접 확인할 수도 있다.

I'll pay 10,000 bitcoins for a couple of pizzas. like maybe 2 large ones so I have some left over for the next day. I like having left over pizza to nibble on later. You can make the pizza yourself and bring it to my house or order it for me from a delivery place, but what I'm aiming for is getting food delivered in exchange for bitcoins where I don't have to order or prepare it myself, kind of like ordering a 'breakfast platter' at a hotel or something, they just bring you something to eat and you're happy!

I like things like onions, peppers, sausage, mushrooms, tomatoes, pepperoni, etc.. just standard stuff no weird fish topping or anything like that. I also like regular cheese pizzas which may be cheaper to prepare or otherwise acquire.

If you're interested please let me know and we can work out a deal.

Thanks,
Laszlo

피자 두 개에 1만 비트코인을 지불하겠습니다. 라지 피자 두 개로요. 그정도면 먹고 남은 걸 다음 날에도 먹을 수 있을 것 같네요. 저는 피자를 남기면서 나중에 천천히 먹는 것을 좋아합니다. 피자를 직접 만들어서 저희 집으로 가져오셔도 되고 가게에 주문해 배달을 시켜주셔도 되는데, 제가 바라는 건 제가 음식을 직접 주문하거나 준비할 필요 없이 비트코인으로 음식을 배달받는 겁니다. 호텔에서 '조식 플래터'를 주문하는 것처럼요. 그냥 누군가 음식을 가져다주고, 먹으면 행복해지잖아요!

저는 양파, 고추, 소시지, 버섯, 토마토, 페퍼로니 등과 같은 것을 좋아합니다. 이상한 생선 토핑이나 그와 비슷한 것이 아닌 표준 재료입니다. 저는 또한 준비하거나 구입하는 것이 더 저렴할 수 있는 일반 치즈 피자를 좋아합니다.

관심이 있으시면 알려주셔서 거래를 해보죠.

감사해요,

라즐로

비트코인 피자데이의 시사점은 실제 제품 구매에 비트코인을 사용한 점이다. 그동안 프로그래머들이 장난으로 혹은 실험적으로 비트코인을 개발, 채굴했었다면, 이 사건은 비트코인이 진짜라는 것을 세상에 보여주었다. 만약 라즐로 핸예츠가 그때 비트코인을 피자로 바꾸지 않고 계속 보유하다가 전고점일 때 매도했더라면 약 8,000억 원을 벌 수 있었을 것이다. 그래서 많은 사람들이 피자데이를 떠올릴 때 라즐로 핸예츠의 어리석은 행동을 연상하기도 하지만, 이 사건을 계기로 비트코인으로 피자 이외에 다른 상품, 심지어 자동차, 부동산을 거래할 수 있는 토대가 마련되었다. 비트코인 피자데이 이후 비트코인 포럼 게시판에는 "비트코인과 현물 간의 거래가 이루어졌다"는 환호가 넘쳐났다. 교환가치가 입증되면서 비트코인의 가격이 급등하기 시작했다. 피자데이 석 달 뒤인 2010년 8월엔 1만 비트코인의 가격이 600달러로 불어났다. 핸예츠의 첫 거래 당시였던 41달러보다 10배 이상 상승한 것이다.

핸예츠와 비트코인 라이트닝 네트워크

핸예츠는 비트코인 피자데이 이외에도 비트코인 역사상

꽤 중요한 업적을 몇 가지 남겼다. 우선 당시 핸예츠를 제외한 비트코인 채굴자들은 CPU로 채굴을 하고 있었기 때문에 하루에 1~2블록 정도를 채굴하는 것이 고작이었으나, 라즐로는 CPU 채굴보다 효율이 더 좋은 GPU 채굴 프로그래밍을 고안해 최초의 GPU 채굴을 대중에게 알린 사람이었다. 그는 하루에 20블록 이상을 채굴할 수 있었다. 워낙 획기적인 방법이었기에 비트코인 창시자 사토시 나카모토는 이것이 블록체인 형성에 기여할 신규 채굴자의 유입을 저해하고 일부가 독점을 할 수 있다는 우려 섞인 메일을 보내기도 했다.

또한 2018년 2월 25일 핸예츠는 비트코인 라이트닝 네트워크 lightning network를 이용해, 다시 피자를 주문했다. 라이트닝 네트워크는 소규모 거래에서도 기존 비트코인의 거래 속도를 획기적으로 향상시킨 알고리즘이다. 이전에는 비트코인 블록체인이 모든 거래 금액의 크기 및 중요도와 무관하게 누락 없이 기록되는 비효율성을 내포하고 있었다. 하지만 라이트닝 네트워크 기술을 통해 각 거래마다 수수료를 지불하는 대신 멀티시그(다중 서명) 주소를 통해 수천 개의 전송이 한 번에 가능하게 되었다. 수수료를 매 거래 시 지불하는 것이 아닌, 모든 거래가 종료된 이후에 채널을 폐쇄하게 되면 최종 정산 결과 한 건만 블록체인에 기록하기 때문에 수수료를 대폭 줄일 수 있다는 특징이 있다.

또한 비트코인 거래의 속도를 초당 수천 건으로 대폭 늘렸다. 라즐로 핸예츠는 배달된 피자를 가족들과 함께 먹는 사진을 공개했는데, 사진 속 아이들은 각각 "나는 피자를 사랑해"와 "나는 비트코인을 사랑해"라는 문구가 인쇄된 티셔츠를 입고 있었다. 라즐로는 "라이트닝 네트워크 거래가 일상생활에서 어떻게 작동하는지 기본 전제를 보여줬다고 생각한다"고 말했다. 해당 사진과 글은 전 세계에 꽤 큰 파장을 불러일으켰고 그동안 비트코인이 높은 수수료와 느린 속도 때문에 실생활에 아무런 쓸모가 없다고 주장했던 사람들의 말을 일축시킨 계기가 되었다. 한편, 2023년 7월 17일 세계 최대 거래소인 바이낸스에서도 비트코인 라이트닝 네트워크를 도입, 통합을 완료해 일반 대중들도 낮은 수수료로 빠르게 비트코인을 송수신할 수 있게 되었다.

금과 비트코인

 금은 선조시대부터 화폐의 수단으로 오랫동안 사용되어왔다. 많은 물질 중 하필 금이 화폐로 사용된 이유는 다음과 같다. 금은 물과 접촉해도 용해되지 않고 녹이 슬지도 않으며 우라늄, 플루토늄과 같이 방사능 물질이 있어서 인체에 유해한 것도 아니다. 또한 금은 채굴하기가 꽤 힘들어 적절한 희소성도 지닌다. 색도 변별성이 높고 아름다운 빛깔을 지니고 있다. 실제 물질로 존재하기에 해킹의 위험성도 없다. 그러나 금은 수익을 내지는 않으니 부의 증식 수단이 되지는 못한다. 1온스의 금을 사서 10년을 가지고 있다 한들, 1온스 그대로이다. 물론 10년 세월이라면 금의 온스당 가격은 엄청나게 변할 수 있지만 이것은 중앙정부에서 발행한 종이화폐의 문제지 금의 문제가 아니다.

비트코인도 유사한 점이 꽤 있다. 콜드 월렛(cold wallet, 이동식 저장장치 등 하드웨어 형식으로 제작된 가상화폐 보관 도구) 또는 종이 QR코드 형태로 저장되는 비트코인은 해킹의 위험에도 안전하고 그 가치가 절대적으로 보존된다. 또한 가능한 전체 비트코인 채굴량이 2,100만 개로 정해져 있고 반감기마다 채굴 난이도가 상승해 적절한 희소성도 지니고 있다.

금과 비트코인의 차이

반면 금과 다른 비트코인의 차이점으로 비판을 받는 부분도 존재한다. 우선 금은 실제로 보이는데 비트코인은 육안으로 볼 수 없다는 비판을 많이 받는다. 하지만 다른 시각으로 바라본다면 금은 빛나는 돌덩이고, 달러나 원화는 그냥 예쁜 그림과 숫자가 적힌 종이일 뿐이다. 애초에 돌, 종이, 모니터 속 데이터다. 무조건 보여야 가치가 있다고 믿는 사고방식으로는 비트코인을 이해할 수 없다. 반대로 생각해보면 오히려 비트코인은 혁신에 가깝다. 금은 수천 년의 시간이 흘러서야 어디서나 인정받는 실물 자산이 됐지만, 비트코인은 불과 10여 년 만에 금과 비슷한 역할을 하는 자산으로 인정받았다.

또한 금은 액세서리, 공업용 등으로 실제 쓰일 수가 있지만 비트코인은 실제 효용가치가 없다는 비판이 있다. 이 부분도 육안, 실물 관점 접근과 비슷하다. 무언가 실제로 쓰인다는 것을 풀어 해석하면, 상업성이 있냐 없냐를 포괄적으로 의미한다. 누군가는 금으로 목걸이를 만들어 돈을 벌고 누군가는 금으로 금니를 만들어 돈을 번다. 비트코인 생태계도 NFT(Non-fungible token, 대체 불가능 토큰. 블록체인 기술을 이용해 디지털 자산의 소유주를 증명하는 가상의 토큰), Defi(Decentralized finance, 탈중앙화 금융. 블록체인 기술을 활용해 정부나 은행 같은 중앙기관 개입 없이 이뤄지는 금융서비스) 등의 금융 투자방식을 통해 이자를 받거나 이윤을 남기기도 한다.

마지막으로 가장 크게 비판을 받는 부분은 변동성이다. 금에 비해 상대적으로 비트코인 가격의 변동성은 굉장히 큰 편이다. 하지만 이 부분은 아직 비트코인이 초기 단계라고 생각하면 이해할 수 있다. 금은 기원전부터 사용되었던 자산인

데 반해 비트코인은 탄생한 지 10여 년이 조금 넘은 신생 자산이다. 금은 전 세계 모든 나라, 다양한 금융의 형태로 거래가 가능하지만 비트코인은 불법 또는 규제가 심한 나라들도 많고 거래형태도 금보다 다양하지 않다.

대표적으로 미국의 경우 비트코인 현물 ETF 거래를 아직 허용하지 않고 있으며 중국은 비트코인 거래 자체를 불법으로 규정했다. 그래서 금에 비해 상대적으로 개인투자자들이 많고 전체 시장규모도 작기 때문에 당연히 변동성이 높을 수밖에 없다. 이 글을 쓰는 시점을 기점(2023년 6월경)으로 비트코인 가격을 약 2만 9,000달러로 산정했을 때 비트코인 시가총액(약 5,000억 달러)은 금의 시가총액(약 13조 달러)에 비해 1/20 수준도 안 된다. 만약 전 세계적으로 지금보다 비트코인 거래가 자유로워져서 비트코인 시장이 금 시장만큼 충분히 커진다면 가격도 오르겠지만 가격 변동성도 훨씬 줄어들 것으로 보인다.

금은 부를 교환하고 보유하는 수단으로 수천 년 동안 경제와 시장을 지배해왔다. 반면 비트코인은 불과 2009년에 출시되었으며 2010년 이후에야 세계적으로 널리 알려지게 되었다. 그렇기 때문에 아직 비트코인이 금에 비해 제도, 효용

| 암호화폐 규제 국가 지도(2021년 11월 기준) |

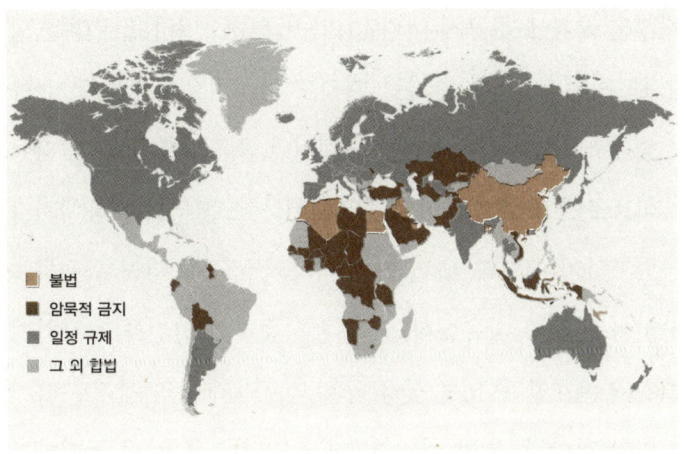

출처 : statista.com

성, 변동성 부분에서 부족한 부분들이 있다. 이 부분에 대해서 좀 더 상세하게 살펴보겠다.

◎ 규제

거래, 가치추정, 거래추적 등 금 거래 시스템은 고도로 발전해서 안정화되었다. 훔치거나 위조가 거의 불가능하다. 많은 국가에서 규제 허가 없이는 금을 소지하고 국경을 넘을 수 없다. 금에 투자할 때에도 공식적으로 등록된 금융 중개소, 또는 공식 딜러를 통해서만 금을 구입할 수 있다. 비트코인 또한 암호화되고 분산된 시스템 덕분에 훔치거나 위조하기 어렵다. 반면 다른 국가의 국경을 넘어 사용하는 것이 굉장히 자유롭다. 그러나 사용자의 안전을 보장하기 위해 존재할 수 있는 금융 규제 인프라가 아직 제대로 마련되지 않았다. 특히 암호화폐의 익명성으로 인해 규제하기가 쉽지 않다. 이러한 부작용 때문에 중국, 인도네시아 등 몇몇 국가에서는 비트코인 등 암호화폐 자체를 금지했다.

◎ 효용성

금은 역사적으로 통화, 사치품, 치과, 전자 제품 등 많은 분야에서 실제 사용되었다. 이러한 실제 효용 기능은 금의 가치하락을 헤지하는 역할을 했다.

반면 비트코인은 유용성이 제한된다. 디지털 통화 및 투자 용도가 거의 대부분이다. 그러나 최근에는 탈중앙화 금융 Defi이라는 개념이 떠오르면서 금융 거래에 암호화폐를 사용하는 신금융 기술이 떠오르고 있다. 은행 없이 암호화폐 생태계 안에서 자동으로 대출, 차입 등이 가능하다.

◎ 변동성

비트코인 가격은 미디어, 투자자 심리, 각 국가들의 규제 정책 및 과대광고의 영향을 많이 받는다. 암호화폐 관련 뉴스는 투자자를 당황하게 하고 엄청나게 빠른 시간에 가격을 급변하게 만든다. 실제 국내 암호화폐 투자 열풍이 불었던 2018년 초, 2021년 초에 대한민국 고위 공무원이 기자회견을 통해 암호화폐를 도박, 잘못된 길로 비유하자 비트코인이 하루에 10%~20%가량 폭락하기도 했다. 이러한 부분을 금과 비교한다면 금이 더 안전한 자산이 될 수 있다.

이러한 부분 때문에 명목화폐 또는 다른 안정적인 자산에 고정되어 있는 '스테이블 코인'이 나오기도 했다. 예를 들어, 테더Tether는 미국 달러의 가치와 연결되어 있다. 비트코인이 금보다 더 나은 투자인지 여부는 투자 목표, 위험 허용 여부 등 개인의 재량에 달려 있다.

이메일이 처음 등장했던 시절을 생각해보자. 1990년대 중반, 이메일이 막 상용화되기 시작했다. 이제 첫발을 내딛은 신생 기술이었던 이메일의 가치를 알아보는 사람은 많지 않았다. 그 누구도 이메일로 법적 효력이 있는 내용을 주고받는 날이 올 것으로 상상하지 못했고, 인터넷이 안전하다고 믿는 사람도 없었다. 그랬던 우리는 오늘 어떤 모습을 하고 있는가?

많은 것은 우리가 알지도 못하는 사이에 빠르게 변한다. 비트코인을 비롯한 암호화폐가 불러올 변혁을 함부로 예측하기 쉽지 않다. 자칭 전문가라는 사람들도 비트코인의 미래에 대해 극단적으로 의견을 달리하는 경우가 많다. 그래서 비트코인이 금을 대체할지, 보완할지, 아무런 관계가 없는지에 대해서도 의견이 많이 갈린다. 그럼에도 불구하고 필자는 비트코인이 디지털 금으로서 금의 역할을 많은 부분 대체하고 금에 버금가는 시가총액으로 성장할 것이라 생각한다. 이를 뒷받침하기 위해 이제 비트코인을 비롯한 암호화폐의 특징, 블록체인 기술에 대해 더 상세히 살펴보겠다.

해킹이 불가한 비트코인

제목을 보고 의아히 여기는 독자들이 꽤 있을 것이다. 뉴스에서 비트코인, 암호화폐가 털렸다, 해킹당했다는 말들을 자주 보았는데, 해킹이 불가능하다고 하니 말이다. 하지만 주의해서 보아야 할 점은 뉴스에서 말하는 해킹으로 인한 피해는 거래소의 보안망이 뚫린 경우이다. 대부분의 암호화폐 소유자들은 코인을 직접 보관하기보다는 거래소에 보관하고 있다. 은행만큼 보안이 철저하지 않은 중소형 거래소 또는 초창기 거래소들이 해커들에게 타깃이 되어 고객들의 개인 키가 탈취당해 해킹을 당하는 것이다. 특히 '핫 월렛hot wallet' 전자지갑 형태로 보관되어 있는 코인들이 주로 해킹의 타깃이 된다.

코인은 전자 지갑에 보관돼 있다가 투자되고 다시 보관된다. 이를 위해서는 일종의 계좌번호와 비밀번호를 입력해야 한다. 전자 지갑에는 두 가지 형태가 있다. 하나는 USB 메모리카드 등에 담겨 오프라인에 보관된 '콜드 월렛'이고, 다른 하나는 온라인에 연결된 '핫 월렛'이다. 콜드 월렛은 온라인에 연결돼 있지 않기 때문에 해킹이 불가하다. 그래서 핫 월렛이 해커들의 먹잇감이 된다.

해커의 공격을 고려하면, 모두 콜드 월렛에 보관하면 되는 게 아니냐고 생각하기 쉽다. 하지만 시시각각 변하는 거래 시장에서 빠르게 코인을 사고팔려면 거래소로서는 전자 지갑이 핫 월렛 형태로 온라인으로 저장되어 있어야 한다. 이런 식으로 거래소를 통해 해킹된 암호화폐 자금 규모는 2022년에만 약 4.7조 원에 해당한다. 특히 세계 최대 거래소인 바이낸스, FTX 등도 해킹에 연루되어 암호화폐에 대한 신뢰성이 줄어들게 되었다. 2022년은 암호화폐가 전체적으로 가격이 하락한 해였는데 해킹 피해액은 가장 큰 해였다.

하지만 이는 거래소의 문제일 뿐, 비트코인을 비롯한 암호

| 암호화폐 해킹으로 도난당한 총 가치 및 해킹 횟수(2016~2022) |

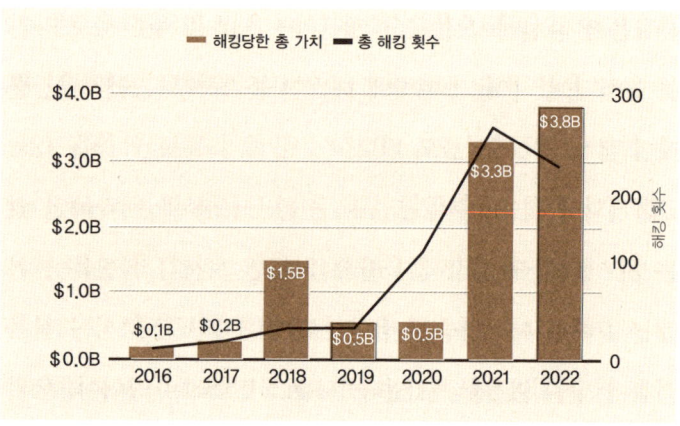

출처 : chainalysis.com

화폐 자체는 해킹이 불가능하게 설계되어 있다. 따라서 비트코인 소유자들이 거래의 편의를 위해서 거래소에 코인을 보관하는 게 아니라 개인 지갑(콜드 월렛)에 보관하면 이러한 문제들을 사전에 방지할 수 있다. 개인이 비트코인 지갑을 만들고 개인 키를 은밀하게 보관하면 해킹이 불가능하다.

지갑의 유형은 아래와 같다.

◎ 종이 지갑

종이 지갑은 비트코인을 받는 데 필요한 주소와 개인 키 정보가 적혀 있는 종이쪽지를 의미한다. 종이 지갑은 QR코드 형태로 인쇄되기도 한다. 종이 지갑은 비트어드레스나 비트코인페이퍼월렛 같은 서비스를 통해 생성이 가능하며, 위조가 불가능한 디자인이나 홀로그램 라벨이 붙어서 나오기도 한다.

종이 지갑의 최대 장점은 종이 실물을 도난당하지 않는 이상 해킹을 당할 우려가 아예 없다는 점이다. 한편으로는 아주 귀중한 개인 정보를 종이에 인쇄하고 있다는 점을 명심해야 한다. 따라서 이 종이쪽지를 보호하는 데 상당한 주의를 기울일 필요가 있다. 예를 들어, 이를 지퍼백 같은 데 보관해

비트코인 종이 지갑 예시

서 물에 젖어 훼손되거나 구겨지는 일이 없도록 해야 한다. 금고에 보관하는 것도 좋은 방법이다.

◎ **하드웨어 지갑**

하드웨어 지갑은 사용자의 개인 키를 USB 메모리카드 등의 안전한 하드웨어 기기 안에 보관하는 방식의 비트코인 지갑이다. 이는 비트코인을 보관하는 가장 안전한 방법으로 꼽힌다. 이제까지 하드웨어 지갑에 보관된 자금을 도난당한 사례가 한 건도 보고된 적이 없다. 종이 지갑은 종이가 훼손될 우려가 있지만, 하드웨어 지갑은 훼손 우려도 없다. 이에 더해 하드웨어 지갑은 컴퓨터 바이러스를 걱정할 필요가 없으며, 저장되어 있는 자금은 절대로 기기 밖으로 전송될 수 없도록 되어 있다.

어떤 하드웨어 지갑에는 스크린도 있으며, 이를 통해 추가적인 지갑 정보를 요구할 수 있으므로 보다 높은 수준의 보안성을 제공할 수 있다. 예를 들어, 스크린은 개인 키 복구를 위한 정보를 묻는 데 사용될 수 있으며, 결제하고자 하는 주소를 확인하는 데도 사용될 수 있다. 따라서 신뢰할 수 있는 제조사가 만드는 기기를 구매하기만 한다면 자금의 안전성

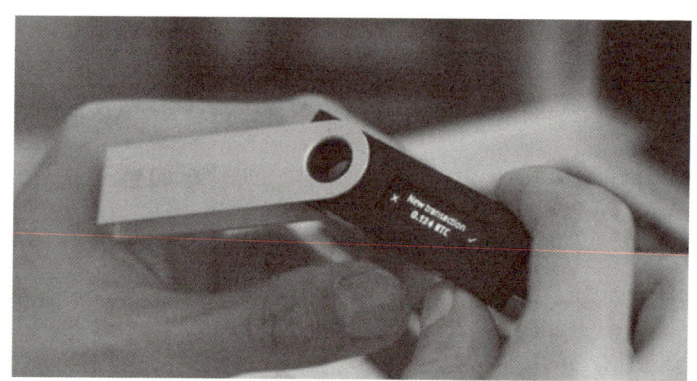

하드웨어 지갑 '나노S'

을 매우 높일 수 있다.

◎ 데스크탑 지갑

데스크탑 지갑은 개인 컴퓨터에 다운로드해서 설치할 수 있다. 이 경우, 개인 키는 하드 드라이브에 저장된다. 데스크탑 지갑은 개인 하드에 저장하기 때문에 훔치기 어렵고 온라인 지갑이나 모바일 지갑에 비해 안전한 것으로 여겨진다. 여전히 인터넷에 연결되어 있으므로 완벽하게 안전하다고 볼 수는 없지만, 소액의 비트코인을 컴퓨터를 통해 거래하는 이들에게 가장 적합한 솔루션이다.

이외에도 모바일 지갑, 웹 지갑이 있지만 온라인에 연결되어 있어 해킹에 취약하기 때문에 추천하지 않는다 가장 안전한 방법은 종이 지갑 또는 하드웨어 지갑이다.

개인 지갑을 만들고 사용하는 게 번거로운 독자분들이 있을 것이다. 그렇다고 거래소를 이용하자니 해킹 관련 뉴스를 많이 들어서 불안할 수도 있다. 하지만 걱정할 필요 없다. 대한민국은 세계 최초로 트래블룰을 도입한 나라라 굳이 개인 지갑을 사용하지 않아도 된다. 업비트, 빗썸, 코인원, 코빗 등 국내 대형 거래소들은 모두 트래블룰을 도입했다. 트래블룰

| 트래블룰 개념 |

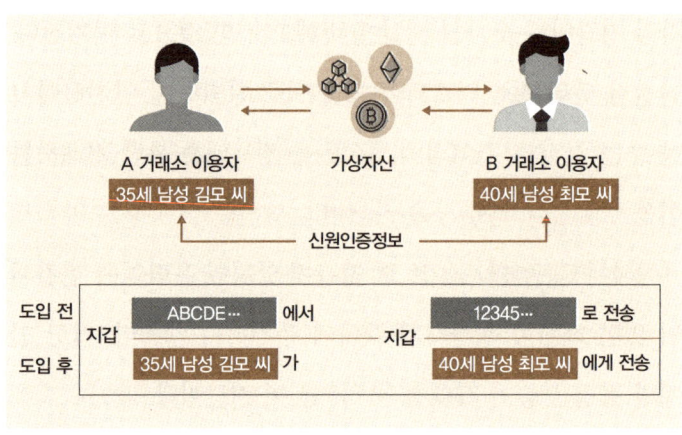

출처 : 업비트

이란 디지털자산을 송수신할 때 송수신자 정보를 디지털자산 사업자VASP 간에 확인하는 절차를 거치도록 하는 것이다. 쉽게 말해 디지털자산에도 금융실명제를 도입한 것이다.

따라서 해커가 거래소에서 코인을 탈취해도 출금이 불가능하다. 식별이 안 된 개인 지갑으로는 이체가 일체 금지되기 때문이다. 성명, 전화번호, 은행, 계좌번호, 직장, 이메일 등의 개인정보가 인증된 회원의 거래소 지갑에만 출금이 가능하다. 카카오 클립, 메타마스크 등의 몇몇 개인 지갑으로의 출금이 허용되기는 하지만 이 또한 본인 소유의 개인 지갑임을 사전에 증명해야 출금이 가능하다. 132쪽 표를 보면 출금 가능한 거래소들을 알 수 있다. 2023년 5월 기준 빗썸 거래소 고객센터에 올라와 있는 표이며, 따라서 표 안에 빗썸 거래소는 생략되어 있다.

트래블룰이 있는데도 불구하고 혹시 불안해서 개인 지갑에 보관하고 싶은 독자분이 있으시다면 국내거래소 코인을 바이낸스 등의 해외 거래소로 옮기고 다시 종이 지갑, 하드웨이 지갑 등의 개인 지갑으로 옮기면 된다. 물론 출금과정도 반대로 동일하게 하면 된다. 번거롭지만 더 완벽한 보안을 확보할 수 있다.

| 빗썸 코인 출금 가능한 외부거래소 |

국내 VASP (31)	업비트(Upbit), 코인원(coinone), 코빗(Korbit), 한빗코(hanbitco), 헥슬란트(Hexlant), 한국디지털자산수탁(KDAC), 큐비트(Qbit), 플라이빗(Flybit), 델리오(Delio), 고팍스(Gopax), 캐서레스트(Cashierest), 오케이비트(OK-BIT), 비블록(Beeblock), 카르도(Cardo), 텐앤텐(Tennten), 코인엔코인(coin&coin), 프라뱅(Pravang), 플랫타익스체인지(FlataExchange), 에이프로빗(Aprobit), 프로비트(Probit), 포블게이트(FOBLGATE), 보라비트(Borabit), 코어닥스(COREDAX), 지닥(GDAC), BTX(구 비둘기지갑)(BTX), 오아시스(OASIS), 마이키핀월렛(MYKEEPIN Wallet)
해외 VASP (15)	코인베이스(Coinbase Exchange), 크라켄(Kraken), 라인 비트맥스(Line bitmax), 코인체크(Coincheck), 비트플라이어(bitFlyer), 바이비트(Bybit), 제미니(Gemini), 코인리스트프로(Coinlist Pro), 비트뱅크(Bitbank), 바이낸스(Binance), 후오비글로벌(Huobi Global), 빙엑스(BingX), 비트겟(Bitget), AQX(AQX), 비트마트(Bitmart)
개인 지갑 (4)	카카오 클립(Klip), 메타마스크(MetaMask), 부리또 월렛(Burrito Wallet), 도시볼트(Dosi Vault)
그 외 VASP	본인 주소로 100만 원 미만까지 출금 가능(타인 주소로 출금 불가)

출처 : 빗썸

비트코인 채굴에 대한 이해

비트코인은 이른바 채굴mining이라는 시스템을 통해 코인이 채굴자에게 주어진다. 비트코인 채굴 시스템은 비트코인 가격을 형성하고 탈중앙화 분산 장부 시스템을 유지하게 해주는 가장 핵심적인 기능이다. 이번 꼭지에서는 비트코인 채굴이 무엇인지, 비트코인 채굴이 비트코인 시스템을 어떻게 유지시켜주는지, 최근 대두되고 있는 ESG와 비트코인 채굴 간의 관계에 대해서 살펴보겠다.

우선 비트코인 채굴은 비트코인 거래를 확인하는 매우 복잡한 단순 수학 문제를 해결해 새로운 비트코인을 만드는 과정이라고 볼 수 있다. 비트코인이 성공적으로 채굴되면 채굴자는 미리 정해진 양의 비트코인을 받는다.

◎ **작업 증명**

새로운 블록을 성공적으로 추가하기 위해 비트코인 채굴자들은 값비싼 컴퓨터와 엄청난 양의 전기를 사용해야 하는 매우 복잡한 단순 무식한 수학 문제를 풀기 위해 경쟁한다. 이렇게 정확한 숫자를 추측하는 과정을 작업 증명PoW : Proof of work이라고 한다. 채굴자들은 최대한 빨리 무작위로 많은 추측을 해 대상 정답을 추측하는데, 여기에는 상당한 컴퓨팅 성능이 필요하다. 더 많은 채굴자가 네트워크에 참여할수록 문제의 난이도는 자동적으로 높아진다.

예를 들어 친구에게 1에서 100 사이의 숫자를 추측해보라고 요청한다고 가정해보자. 정답 또는 정답보다 낮은 숫자를 말한 사람이 이기는 게임이다. 정답인 숫자 19를 생각하고 있는데 친구 네 명이 각각 16, 21, 55, 83을 말하면 16을 말한 사람이 19보다 작거나 같은 숫자를 가장 먼저 맞힌 사람이다. 16을 말한 사람이 보상을 가지게 된다.

이것은 쉬운 예였지만, 실제로는 단순한 숫자가 아니라 해시를 맞추는 작업을 해야 한다. 해시는 블록에 포함된 정보를 SHA256 해싱 알고리즘이라는 것을 통해 전송한 결과인 64자리 16진수이다. SHA256이란 쉽게 설명하면 암호화 알고리즘인데, 문자를 입력하면 64자리 16진수 수가 나오는 형태이다. 문자가 조금만 바뀌거나 심지어 대소문자만 바뀌어도 아예 다른 문자가 나온다.

'hello'를 암호화하면 다음과 같이 나온다.

2CF24DBA5FB0A30E26E83B2AC5B9E29E1B161E5C1FA7425E73043362938B9824

반면 'Hello'를 암호화하면 다음과 같이 나온다.

185F8DB32271FE25F561A6FC938B2E264306EC304EDA518007D1764826381969

이 해시숫자는 다음 블록의 헤더로 사용되어 블록과 블록 간의 체인 역할을 해준다. 그리고 16진수로 되어 있는 해시를 10진수로 다시 바꾼 후 해당 수보다 작거나 같은 수를 가장 먼저 찾아내는 채굴자가 보상을 얻게 되고 새로운 블록이 생성된다.

◎ 블록 보상

블록을 성공적으로 검증한 것에 대한 보상으로 받는 비트코인은 2009년에는 매 성공 시마다 50비트코인이었다. 하지만 블록 보상은 21만 블록마다(또는 대략 4년마다) 절반으로 줄어들기 때문에 2013년에는 보상량이 25개로 줄어들었고, 2016년에는 12.5개, 2020년에는 6.25개가 되었으며, 2024년에는 3.125로 줄어들 예정이다. 블록 생성에 의한 보상 이외에도 채굴자들은 비트코인 거래가 발생할 때마다 일정 전송 수수료를 보상으로 받기도 한다.

비트코인 채굴은 채굴에 쓰이는 장비 및 전기 값이 상당히 많이 들기 때문에 그에 대한 보상으로 일정한 비트코인 가격을 지탱하게 한다. 만약 비트코인 가격이 채굴에 드는 비용보다 작아진다면 비트코인을 채굴할 가치가 없기 때문에 비트코인 가격은 채굴에 드는 비용 이상으로 수렴하기 마련이다.

비트코인 채굴은 비트코인 가격 형성 이외에 비트코인의 탈중앙화 시스템을 유지시켜주는 장치이기도 하다. 채굴의 동작 방식을 알아보면, 컴퓨터가 계산하기에 굉장히 오래 걸리는 문제를 채굴자들이 공통적으로 풀기 시작하고, 가장 먼저 문제를 해결한 채굴자는 이를 네트워크에 알려서 자신이 가장 먼저 문제를 풀었음을 알린다. 그러면 다른 채굴자들은 다시 새로운 문제를 푸는 것에 도전한다. 문제를 풀 때마다 블록이 체인에 생성되고, 비트코인이 발행되고, 그동안 발생했던 거래들이 최종적으로 승인된다.

따라서 블록이 하나씩 생성될 때마다 굉장한 연산량이 필요하며, 하나의 블록은 다른 블록들과 연쇄적으로 연결되어 있기 때문에 하나의 블록을 위변조하려면 블록체인 안에 연쇄적으로 연결되어 있는 모든 블록들을 다 바꾸어야 한다. 하지만 매 블록은 대략 10분마다 새로 생성되기에 10분 안에 다 바꾸는 것은 슈퍼컴퓨터로도 불가능하다. 따라서 비트코인은 은행과 같은 철통같은 중앙보안장치가 없이도 채굴자들끼리 경쟁하면서 자연적으로 위변조가 불가한 보안장치를 유지할 수 있다. 비트코인이 더욱 인기를 끌고 비트코인 채굴자들의 경쟁이 치열해질수록 위변조는 더더욱 힘들어지는 구조이다.

비트코인 채굴과 환경 영향

반면 비트코인은 환경오염의 주된 원인이라는 비판도 듣고 있다. 아무런 의미 없는 단순 숫자 맞추기를 위해 엄청난 양의 전기에너지가 전 세계적으로 동원되고 있기 때문이다. 안타깝게도 이는 일정 부분 맞는 말이긴 하다. 채굴장 한 곳에서 소모하는 전기 사용량은 일반 가정집의 사용량보다 3만 배에서 많게는 30만 배까지 많다. 2023년 《뉴욕타임스》 조사 결과 비트코인 채굴로 인한 오염이 석탄 및 가스 발전소로 인한 오염의 85% 수준이라고 밝히기도 했다. 이에 따라 비트코인 채굴에 대한 환경 운동가들의 반발이 거세지고 있다.

그래서 최근 나오는 움직임이 재생에너지 또는 버리는 전기에너지 등을 통해 채굴을 하는 방법이다. 풍력·태양광발전 등에서 버려지는 전기를 활용하는 경우가 있다. 미 텍사스주는 특정한 시점에 초과 생산으로 버려지는 전기를 비트코인 채굴 회사에 저렴하게 공급하고 있다. 세계 최초로 비트코인을 법정 화폐로 승인한 엘살바도르의 나이브 부켈레 대통령은 "화산에서 발생하는 지열을 활용한 비트코인 채굴

시설을 건설할 예정"이라며 국가 차원의 친환경 채굴 산업을 육성하겠다고 밝히기도 했다.

글로벌 에너지 기업들도 원유를 생산할 때 나오는 폐가스를 이용해 비트코인 등 암호화폐를 채굴하는 사례가 늘고 있다. 아르헨티나 국영 에너지 기업 YPF의 재생에너지 자회사 YPF루즈는 석유 생산 때 나오는 폐가스를 이용해 만드는 전기를 암호화폐 채굴 기업에 공급하고 있다. 미국 최대 석유 기업 엑손모빌도 크루소에너지와 함께 미 노스다코타 유정에서 발생하는 폐가스를 활용한 비트코인 채굴 프로젝트에 나섰다. 엑손모빌은 이를 통해 한 달에 최대 비트코인 37개를 채굴하는 것으로 알려졌다. 크루소에너지는 한 달에 최대 1,261개를 채굴하는 것으로 추정된다.

또한 비트코인은 채굴을 통한 작업증명을 하지만 이더리움을 비롯한 다른 많은 암호화폐들이 채굴 대신에 지분 증명 PoS : Proof of stake 방식으로 바뀌고 있다. 지분 증명은 무작위 해시 수를 맞추는 방식에서 암호화폐를 특정량 보유하고 있는 주주 방식으로 합의를 하는 방식이다. 주주총회에서 주식 지분율에 비례해 의사결정 권한을 가지는 것과 유사하다. 채굴이 필요 없기에 전기 소모가 없다는 장점이 있다. 하지만 가격을 유지시키는 채굴 시스템이 없기에 가격 변동성에 취약하다는 단점도 존재한다. 또한 지분을 받기 위해서는 인터넷에 연결된 시스템에 의해 검증이 필요하기에 결국 지분 보유자들은 해커에 의한 자금 도난 위험이 높은 핫 월렛을 지니고 있어야 한다.

4장

블록체인 기술

블록체인과 분산 원장 기술

블록체인은 블록체인 네트워크 안에 있는 노드(node: 연결 지점)들 트랜잭션(transaction: 처리되는 특정 업무나 거래 또는 그 결과 얻어지는 데이터 기록)의 디지털 분산 원장라고 할 수 있다. 분산 원장은 하나의 중앙집중식 서버에 보관하는 대신 각각의 전자 원장에서 트랜잭션을 기록, 공유 및 동기화하는 방식이다. 블록체인은 디지털 서명, 분산 네트워크, 분산 원장 기술을 포함한 암호화/복호화 기술을 사용해 블록체인 응용 프로그램을 활성화한다. 블록체인은 거래내역이 해시라고 하는 변경할 수 없는 암호화 서명으로 기록되는 분산 원장 유형

중 하나라고 할 수 있다.

분산 원장을 쉽게 이해하기 위해서 간단한 예를 들어보자. A와 B가 돈거래를 한다고 하자. A가 B에게 100만 원을 빌렸다. B는 A에게 돈을 빌려준 사실을 장부에 적었다. 그리고 해당 장부를 복사해서 A에게도 전달했다. 이제 돈을 빌린 장부는 A와 B가 각각 지니게 되었다. 그러나 이렇게만 하면 둘 중 한 명이 장부를 분실하거나 위조했을 때 나중에 증명하지 못하게 된다. 따라서 A와 B는 제3의 대리인을 증인으로 해서 또 장부를 전달했다.

이 대리인을 중개인으로 볼 수 있고 좀 더 확장해서 생각하면 은행, 법원 등 '믿을 수 있는 기관'이라고도 할 수 있다. 그러나 이 대리인도 도덕적 해이, 해커로부터의 공격, 의도치 않은 실수 등으로 인해 문제가 생길 수 있고, 장부 속 데이터가 왜곡될 수도 있다. 그래서 A와 B는 100만 원을 빌린 내역을 마을 모든 사람에게 다 공개했다. 마을 모든 사람이 100만 원을 빌린 내역을 함께 알고 있으므로 특정 몇몇이 사실을 왜곡한다고 하더라도 과반수가 넘는 사람이 100만 원을 빌린 내역을 인정해주면 된다.

분산 원장에 대해서 좀 더 기술적으로 상세히 살펴보자.

| 분산 원장 개념도 |

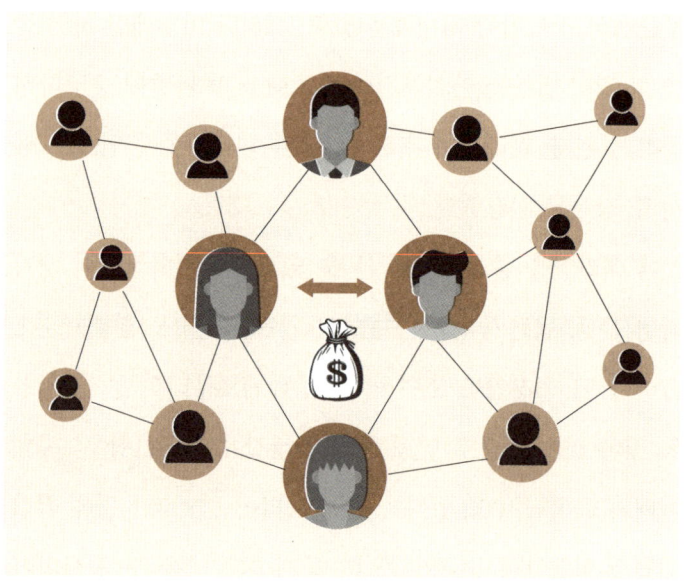

분산 원장은 트랜잭션 관련 기록이 저장되는 분산 데이터베이스라고 할 수 있다. 쉽게 말하면 전 세계 여러 사람이 액세스할 수 있는 분산되어 있는 데이터베이스이다. 분산 원장은 다음과 같은 속성들을 지닌다.

1) **분산형** : 실시간으로 모든 노드가 원장을 유지 관리하고 원장이 자동 업데이트된다. 각 노드에서 업데이트 프로세스를 독립적으로 수행한다. 아무리 작은 업데이트라도 해당 변경 내역은 모든 노드에 전송된다.

2) **불변성** : 암호화 기술을 사용해 데이터 변경을 할 수 없다.

3) **입력만 가능** : 기존 DB와는 다르게 분산 원장은 데이터 입력만 가능하다. 즉 데이터 삭제, 변조는 안 되고 읽기, 입력만 가능하다.

4) **합의방식** : 중앙 서버나 데이터베이스를 관리하는 특정 관리자가 없기 때문에 모든 데이터를 투명하게 관리한다. 이 과정에서 분산 원장의 모든 노드는 다양한 합의 알고리즘

또는 투표로 트랜잭션을 확인한다. 비트코인의 경우 채굴을 통한 작업 증명 합의 방법을 사용한다.

5) **스마트 계약** : 분산 원장은 스마트 계약을 실행하도록 프로그래밍할 수 있다. 스마트 계약은 구매자와 판매자 간의 계약 조건을 코드 라인에 직접 작성하는 자체 실행 계약이다. 이를 통해 거래가 자동화되고 안전하며 투명해질 수 있다. 이전에는 계약 이행 조건을 사람이 직접 확인하고 계약 실행을 따로 요구했다면, 스마트 계약을 할 경우 계약 이행 조건이 성사되면 코드를 통해 자동으로 계약이 실행된다.

6) **내결함성** : 일부 노드가 고장이 나더라도 다른 노드들에서 계속해서 분산 원장 시스템이 작동해 사용자들이 사용하는 데에 문제가 없다. 중앙시스템이 고장 났을 때 전체 시스템의 동작이 멈추는 중앙집중식 데이터베이스 방식과 차이가 있다.

7) **투명성** : 분산 원장은 모든 참가자가 원장에서 발생하는 트

랜잭션을 볼 수 있다.

8) **효율성** : 다수 노드들을 통한 원장의 분산 처리로 인해 속도가 매우 빠르다.

위와 같은 특성을 통해 분산 원장 기술은 기존 중앙집중식 데이터베이스 시스템의 문제점을 보완했다. 기존 중앙집중식 데이터베이스는 중앙관리자의 실수 또는 의도에 의한 데이터 오류, 데이터 조작, 부적절한 데이터 삽입 등의 문제가 일어날 수 있었다. 또는 해킹을 통한 데이터 왜곡이 발생할 우려가 있었다. 그러나 분산 원장 기술은 실시간 데이터 공유를 통한 투명하고 신뢰성 있는 데이터를 제공할 수 있다 또한 분산 원장 기술에서는 분산 노드들의 합의 방식을 통해 중앙 관리자 없이 매우 빠르게 트랜잭션을 처리하고 시스템을 유지할 수 있다.

분산 원장 기술의 장점을 더 상세히 살펴보면 다음과 같다.

1) **완전 투명성** : 모든 참여자들은 원장 속 데이터들을 모두 볼 수 있다. 새로운 데이터의 추가는 참여자들의 합의 메커니

즘을 통해 승인이 되며 만약 승인되지 않은 데이터 변경 시도가 있다면 합의 메커니즘에 의해 즉시 발각된다.

2) **완전 분산형** : 중앙집중식 네트워크는 중앙 시스템 고장으로 인해 전제 시스템이 셧다운된다. 그러나 분산 원장 시스템은 그럴 우려가 없다. 따라서 시스템 유지보수 비용이 더 적게 든다.

3) **시간 효율성** : 데이터 트랜잭션을 일일이 중앙에서 승인받을 필요가 없기에 처리 속도가 훨씬 빠르다.

위와 같은 장점 때문에 분산 원장은 금융, 헬스케어, 제조업, 선거 등에 널리 사용될 가능성이 있다. 예를 들어 분산 원장을 이용하면 해외 간 송금에서 지금보다 시간과 비용을 상당히 많이 감축할 수 있다. 또는 각 기관에 흩어져 있는 개인 의료데이터를 통합적으로 원장에서 관리에 의료 효율을 높일 수 있고 각종 보험사기를 예방할 수 있다. 제조 분야에서도 분산 원장 기술을 활용하면 제조의 시작부터 끝까지 모든 과정을 다 데이터화해 제조 효율을 높이고, 사후에 문제가 발생하면 어느 지점에서 문제가 발생했는지 바로 파악할 수 있다. 또한, 선거를 할 때에도 적용이 가능하다. 기존 전통적 투표 방식은 역사적으로 각종 부정선거가 많이 발생했고 최근에도 부정선거 의혹이 꾸준히 나오고 있다. 분산 원장 기술을 활용하면 투명하게 투표를 할 수 있다.

블록체인과 분산 원장은 비슷한 개념이기에 혼동할 수 있다. 엄밀히 말하면 블록체인은 분산 원장의 한 유형이라고 할 수 있고 약간의 차이점이 있다. 즉 블록체인이 분산 원장 기술 중 한 유형이지만 모든 분산 원장 기술이 꼭 블록체인은 아니다. 분산 원장 기술에는 블록체인 이외에도 해시그래프hashgraph, 홀로체인holochain, 대그DAG: directed acyclic graph 기술 등이 더 있다.

블록체인은 일련의 블록으로 엮인 체인이지만 분산 원장에는 이러한 체인이 꼭 필요하지는 않다. 또한 분산 원장은 비트코인 시스템의 중요한 메커니즘인 작업 증명이 필요하지 않다. 또한 블록체인과 달리 분산 원장은 반드시 블록마다 특정 형식을 갖춘 일련의 데이터 구조를 적용할 필요도 없다.

위와 같이 분산 원장 기술과 블록체인 기술이 약간 차이는 있지만, 공통적으로 다음과 같은 몇 가지 핵심적 이점이 있다. 우선 모든 정보, 거래, 제어권을 참여한 사용자들에게 공정하게 부여한다. 또한 트랜잭션 시간을 최소화할 수 있으며 휴일, 밤낮 구분 없이 365일 24시간 시스템이 동작해 훨씬 효율적으로 비즈니스에 적용될 수 있다. 단일 주체가 데이터를 소유하거나 제어하지 못하고 아무도 이미 작성된 내용을 변경할 수 없도록 해 복식 부기와 비슷한 신뢰성을 지니기도 한다.

비잔틴 장군 문제

블록체인 기술의 가장 핵심 역할 중 하나는 네트워킹 컴퓨팅 분야에서 오랫동안 풀리지 않았던 '비잔틴 장군 문제'를 해결한 점이다. 비잔틴 장군 문제는 1982년에 램포트 L. Lamport와 쇼스탁 R. Shostak, 피스 M. Pease가 작성한 논문에서 처음으로 제시된 문제로, 비잔틴제국에 복수의 장군들이 적군을 무찌르기 위해 동시에 공격하는 상황에서 발생하는 상황에 대한 시나리오를 분산 시스템에 대비해 제시한 문제점이다.

고대에 알렉산드로스 대왕이 죽은 다음, 비잔틴 장군들이 한 성을 점령하려고 성 주변에 모여들었다. 비잔틴 장군들은 독자적인 성격이 강한 각각의 노드(컴퓨터)를 상징한다. 이들이 공격시간을 정하고 다함께 동시에 공격한다면 성을 쉽게 점령할 수 있다. 그러나 만약 다함께 동시 공격을 하지 않는다면 성을 함락시킬 수 없다.

문제는 각 부대는 편지를 통해 의사소통을 하는데 그중에 스파이가 보낸 가짜 편지가 섞여 있다는 점이다. 스파이는 비잔틴 장군 중 일부에 섞여 있다. 이 스파이 장군이 공격시간을 임의로 바꾸어 옆 장군에게 전달할 경우, 그 옆 장군은 또 옆의 장군들에게 자신이 받은 정보를 계속 전달해 결국 진짜 장군들은 진짜와 가짜 정보 중에 혼란에 빠지게 된다. 이렇듯 중앙을 통제하는 사령관이 없는 분산조직은 조정 문제를 해결하기 어렵다는 문제점이 있었다. 보편적으로 3분의 1 이상의 조직이 스파이로 구성되어 있으면 다수결 투표 시 과반을 넘기기 힘들기 때문에 이러한 문제를 해결하기가 어렵다고 알려져 있다.

비잔틴 장애 허용은 위에서 이야기한 비잔틴 장군 문제를 어떻게 해결하느냐에 대한 방법론이다. 계속해서 실시간으로 정보가 갱신되는 네트워크에서 여러 명의 참여자(노드)가 동일한 정보 장부를 유지하기 위해 정보의 누락이나 오입력

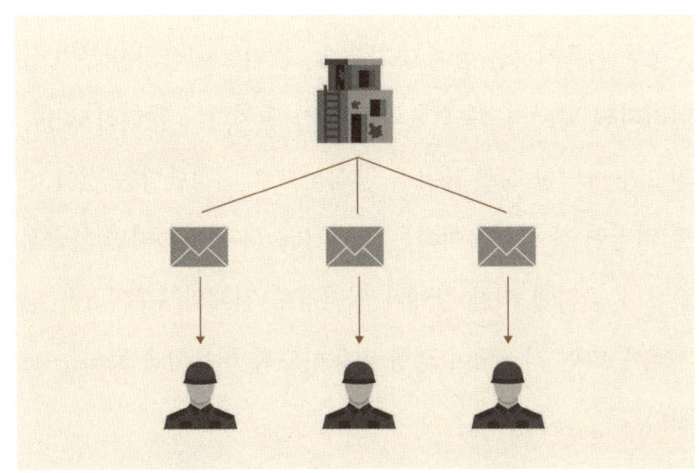

중앙 집중형 시스템

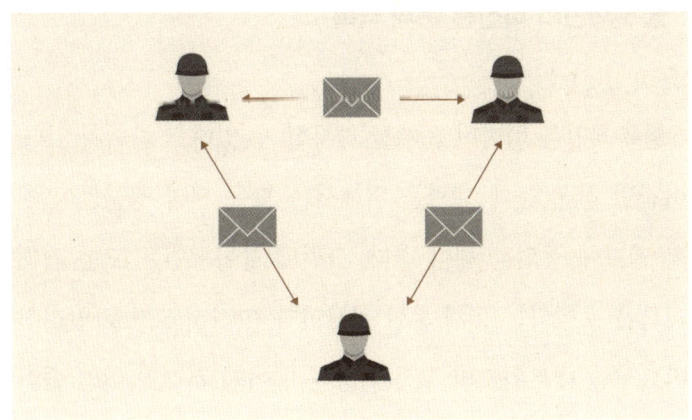

분산 시스템

혹은 악의적인 공격을 피할 수 없기 때문이다.

장부를 유지하는 참여자 가운데 3분의 2 이상의 장부가 동일하다면 나머지 3분의 1의 장부가 일치하지 않더라도 3분의 2가 합의한 장부 내용을 공식적으로 인정한다는 것이 바로 비잔틴 장애 허용이라는 개념이다. 다시 말하자면 기술적 오류나 공격에 의한 장애가 있더라도 전체의 3분의 1을 넘지 않는다면 시스템이 정상 작동하도록 허용함을 뜻하는 것이다.

블록체인의 비잔틴 문제 극복

블록체인은 비잔틴 문제를 극복할 수 있다고 알려져 있다. 비잔틴 장군 문제 해결을 위해서는 모든 진짜 장군들이 진짜 정보에 동의를 해야 한다. 그런데 블록체인은 모든 거래 기록을 포함하는 공개 분산 원장이다. 따라서 노드로 알려진 비트코인 네트워크의 모든 사용자가 어떤 거래가 어떤 순서로 발생했는지에 대해 동의할 수 있다면, 소유권을 확인하고 중앙집중식 권한 없이 작동하는 시스템을 만들 수 있다. 즉 전쟁에 참여한 장군들이 모두 블록체인 시스템상에서 검증된 진짜 정보를 신뢰할 수 있기 때문에 쉽게 합의를 할 수 있다는 뜻이다.

블록체인상의 모든 정보가 진짜라는 신뢰성은 작업 증명을 통해 입증될 수 있다. 다음 꼭지에서 작업 증명에 대해서 자세히 알아볼 예정이지만 여기서 간단히 설명하자면, 작업 증명은 블록체인에 새로운 트랜잭션 블록을 추가하는 방법이다. 작업은 현재 블록에 대해 원하는 해시와 일치하는 해시를 생성하는 것으로 구성된다. 이 작업 증명 과정에서 노드들은 전기에너지를 소모해야 한다. 시스템에 참여하고 있는 노드들 간에 주고받는 중요한 정보는 전기 비용을 들여 만들었다는 사실 때문에 검증해주는 중앙 기관 없이도 정보의 진정성을 인정할 수 있다. 또한 한번 블록이 업데이트되면 지우거나 바꾸기가 실질적으로 불가능하다. 그리고 한번 블록이 생성되면 연달아 생긴 블록과 트랜잭션들도 이전 블록과 연쇄적으로 함께 진짜 정보라는 신뢰성이 생긴다. 만약 특정 참여자가 잘못된 정보를 전파하려고 하면 다른 참여 노드들이 즉시 찾아낼 수도 있다.

조금 더 쉽게 설명하기 위해 예를 들어보겠다.

모든 장군이 수학 문제를 풀기 시작한다. 각 장군은 스스로 경쟁하며 문제를 가장 먼저 빨리 풀기 위해 노력한다. 한 장군이 답을 찾아내면 다른 모든 장군에게 그 답을 공표한다. 그러면 모든 장군은 다음 문제로 넘어가 또 답을 찾는 경쟁을 한다. 다음 문제 역시 푸는 데 10분 정도가 걸리는 문제다. 모든 장군은 그들 중 누군가가 바로 앞에서 찾아낸 정답에 새로운 문제의 답을 이어 붙이는 식으로 답의 연결고리 체인을 만든다. 이 과정을 거쳐 100번째 답에 앞선 답에 덧붙인 답의 연결고리 체인이 나오면 모든 장군은 확신할 수 있다. 이 과정에 참여한 어떤 외부 침입자 또는 해커가 와도 이와 비슷한 길이로 정답 연결고리를 만들 수 없기 때문에 진실의 답 연결고리가 완성된 것이다. 즉 블록 100개로 이루어진 블록체인(비잔틴 장군 예에서는 편지)은 사용자 다수가 체인 생성 작업에 참여했다는 사실을 확신시켜준다.

다만 이 작업 증명 방식은 컴퓨팅 파워를 사용해야 하기에 많은 전력 소모가 필요하다는 단점이 있고, 소수의 슈퍼 채굴자들에게 권한이 집중될 수 있다는 우려가 있다. 이러한 문제점을 해결하기 위해서 나온 방법 중 하나가 지분 증명 방식이다. 지분 증명 방식은 지분 즉 암호화폐의 소유량에 따라 업데이트 권한을 우선적으로 주는 메커니즘이다. 특정 암호화폐의 소유자일수록 화폐 가치의 유지 및 상승에 따른 인센티브가 높기 때문에 신뢰성 있게 블록을 검증하고 업데이트할 가능성이 높으며, 작업 증명에 비해 중앙집중화의 위험성이 낮고 전력 소모를 줄일 수 있다는 장점이 있다. 세계 2위 블록체인인 이더리움이 작업 증명에서 지분 증명으로 전환한 대표적인 사례이다.

PBFT의 비잔틴 장애 극복

작업 증명, 지분 증명 방식 이외에도 프랙티컬 비잔틴 장애 허용 PBFT 합의 알고리즘으로 비잔틴 문제를 극복하기도 한다. 네오, 질리카, 하이퍼레저 등의 블록체인 시스템에서 채택하는 방식이다. 합의는 다음과 같이 수행된다. 리더가 클라이언트들의 요청을 수집해 정렬하고 실행 결과와 함께 다른 노드들에 전파한다. 리더의 메시지를 받은 노드들은 받은 메시지를 다시 한번 나머지 노드들에 전파한다. 모든 노드는 자신이 다른 노드에서 가장 많이 받은 같은 메시지(3분

| PBFT 작동 방식 |

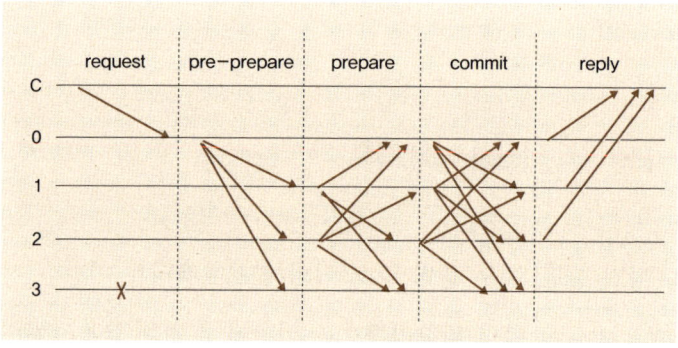

의 2 이상)가 무엇인지 다른 노드들에 전파한다. 앞의 과정이 끝나면 모든 노드는 3분의 2 이상이 동의한, 즉 합의를 이룬 같은 데이터를 가지게 된다. 쉽게 설명하면 다수의 다른 노드들로부터 여러 번 중복적으로 정보를 검증받은 후 마지막에 정족수 이상의 가장 많이 검증받은 정보를 진짜 정보로 인정하는 방식이다.

비잔틴 문제를 해결하는 방법은 여러 가지가 있지만 정리하자면 공통적으로 블록체인 시스템 안에서는 시스템에 참여하는 다수, 즉 과반 이상이 자신들의 이익 때문에 시스템이 붕괴되길 원하지 않으며 자신의 이익을 합리적으로 추구하는 방식으로 해결한다고 볼 수 있다. 이 개념을 '다수의 선의'라고 부르기도 한다. 쉽게 설명하면 참여자들은 각자 자기 이익에 반하는 행동을 하지 않는다는 뜻이다. 몇몇 참여자가 시스템을 붕괴시키려고 시도할 수는 있지만, 시스템을 무너뜨리는 것보다 유지함으로써 얻는 이익을 원하는 구성원들이 압도적으로 크기 때문에 블록체인 시스템은 계속 유지될 수 있다. 그리고 이러한 블록체인 시스템 덕분에 오랜 기간 풀리지 않았던 비잔틴 장군 문제가 해결될 수 있었다.

작업 증명 vs 지분 증명

    암호화폐 투자를 하다 보면 작업 증명, 지분 증명이라는 용어를 어렵지 않게 접할 수 있다. 작업 증명과 지분 증명은 모두 거래를 처리하고 블록체인에서 새로운 블록을 생성하기 위해 암호화폐에 사용되는 합의 메커니즘이다. 합의 메커니즘은 분산 데이터베이스의 항목을 안전하게 검증하고 유지시켜주는 프로세스이며, 암호화폐에서 이러한 데이터베이스를 블록체인 시스템이라고 한다. 현재 대부분의 암호화폐는 작업 증명 또는 지분 증명으로 시스템이 유지되고 있다. 비트코인, 라이트코인, 비트코인캐시 등이 작업 증명 방식을 채택한 대표적인 암호화폐이다. 반면 이더리움, 에이다, 퀀텀 등의 많은 2세대 이후 암호화폐들은 지분 증명 방식을 채택했다.

◎ **작업 증명**

작업 증명은 참여자들이 네트워크 내에서 무작위로 배정된 단순하지만 연산이 많이 필요한 수학 문제를 해결하기 위해 컴퓨팅 파워를 소모하는 분산 합의 메커니즘이다. 이 수학 문제는 새 데이터가 공개적으로 분산된 원장인 블록체인에 추가되면 이 데이터가 진실된 것인지 증명하는 데 사용되는 작업이다. 참여자(채굴자) 중 강력한 컴퓨팅 파워를 사용해 가장 먼저 수학 문제를 맞힌 참여자에게 보상이 이미로 새로운 코인(토큰)을 부여하고 이 새 데이터 블록은 새로운 체인으로 엮이게 된다. 블록이 체인으로 연쇄적으로 엮여 있기 때문에 하나의 블록을 변경하려면 다른 블록까지 함께 변경해야 한다. 따라서 개인이 한꺼번에 모든 블록체인을 변경하는 것은 거의 불가능하므로, 피어 투 피어 Peer to Peer: P2P 네트워크를 통해 제3자의 감독 없이 작업 증명 방식을 사용하는 암호화폐를 안전하게 교환할 수 있다.

◎ **지분 증명**

지분 증명은 "검증인"(사용자)이 얼마나 많은 코인을 담보로 제공할 수 있는지 또는 스테이킹할 수 있는지에 따라 블록 거래를 인증하는 합의 메커니즘이다. 지분 증명은 작업 증명시 필요한 채굴과정이 없으므로 블록과 거래를 인증하는 데 필요한 컴퓨터 작업의 양을 감소시키기 때문에 네트워크의 에너지 사용량도 대폭 감소한다. 특히 이더리움 네트워크가 '머지 merge'로 알려진 이벤트를 통해 합의 메커니즘을 작업 증명에서 지분 증명으로 업데이트해서 더욱 각광을 받고 있다.

지분 증명은 네트워크 전반의 거래 및 블록을 검증하기 위해 검증인이라 일컫는 사용자를 무작위로 배정한다. 무작위 선정이지만 스테이킹한 코인이 더 많은 검증인일수록 선택될 확률이 더 높은 확률적 랜덤 배정이다. 또한 스테이킹에 필요한 코인 형태의 최소한의 자본을 필요로 한다. 예를 들어 이더리움 사용자는 검증자가 되는 기회를 얻기 위해 최소 32ETH를 스테이킹해야 한다. 블록을 검증할 검증인이 무작위로 충분히 선정되면 지분 증명과정이 확정 및 종료된다.

여기서 말하는 스테이킹이란 일종의 자본금 또는 예치금 같은 성격이다. 스테이킹은 본인이 가지고 있는 암호화폐 중 일정량을 네트워크에 맡기는 행위이다. 네트워크에 맡긴 암호화폐를 블록체인 검증에 활용하도록 하고 그에 대한 대가로 암호화폐를 받는 구조이다. 스테이킹 참여가 늘어나면 블록 생성과 검증에 참여하는 사람의 수가 많아져 보안성과 안전성이 증가한다.

작업 증명과 지분 증명의 장단점은 각각 아래와 같다.

◎ **작업 증명의 장점**

- 이중 지출 시도를 원천적으로 차단할 수 있다.

이중 지출은 동일한 자금이 두 번 이상 지출될 때 발생한다. 디지털 데이터이기 때문에 '복사 붙여넣기'해서 여러 명에게 보내면 이중 지출 문제가 발생될 수 있다. 하지만 작업 증명 방식을 사용한다면 수학 문제를 푼 유효한 데이터 블록만 체인에 저장되어 이중 지출 데이터 저장이 원천적으로 차단된다.

- 합의 알고리즘 중 가장 보안성이 높다고 알려져 있다.

다수의 채굴자가 채굴 경쟁을 통해 보안성을 확보한다.

정직하게 채굴을 통해 네트워크를 유지함으로써 얻는 보상이 엄청난 비용을 들여 속임수 또는 해킹을 통해 얻는 보상보다 훨씬 크다.

- 채굴자들은 채굴에 대한 보상을 얻을 수 있다.

지분 증명과 달리 채굴이라는 시스템이 존재하고 이를 통해 보상을 받을 수 있다.

- 채굴과 보상에 대한 공평성이 지분 증명보다 높다.

지분 증명은 애초에 스테이킹 지분이 많은 참여자 위주로 보상이 돌아가기에 공평성 문제가 대두된다.

◎ 작업 증명의 단점

- 채굴에는 엄청난 전기에너지가 소요된다.

채굴자들이 늘어나고 채굴 경쟁이 심해지면서 수학 문제 난도도 올라가고 있다. 따라서 가장 먼저 빠르게 수학 문제를 풀기 위해서 고가의 하드웨어 장비를 사용하게 되고, 이에 따라 많은 전기에너지가 소요된다.

- 일반인들이 참여하기 어려운 시장이 되었다.

고가의 하드웨어 장비를 채굴에 사용하면서 일반인들이 가정에서 PC로 채굴하기가 거의 불가능하게 되었다.

- 소수의 채굴 기업들이 채굴을 좌지우지하고 있다.

  몇몇 대형 채굴 전문 기업들이 전체 채굴시장에서 많은 영향력을 발휘하고 있다.

◎ 지분 증명의 장점

- 작업 증명에서 문제되는 51% 공격 문제로부터 안전하다.

  51% 공격이란 블록체인에 참여하는 51% 이상의 노드가 동시에 블록체인 거래 내역을 조작하는 행위를 의미한다. 작업 증명에서는 만약 블록체인 네트워크 참여자가 적을 경우 51% 이상의 해시 파워를 지닌 소수가 전체 네트워크를 좌지우지할 우려가 있다. 지분 증명은 지분에 의해서 의결권이 있기 때문에 소수가 갑자기 해시 파워를 늘려서 전체 네트워크를 장악할 우려가 없다.

- 고가의 채굴 하드웨어가 필요 없다.
- 트랜잭션이 빠르고 비용이 거의 안 든다.

  트랜잭션을 검증할 수학 문제를 푸는 채굴과정이 필요 없기 때문이다.

- 전기에너지가 소요되지 않는다.
- 스테이킹을 통한 보상(이자)을 주기 때문에 참여자들이

장기간 코인을 보유할 수 있는 동기부여를 준다.

◎ 지분 증명의 단점

- 소수의 자본가들에 의해 네트워크가 지배당할 수 있다.

  돈 많은 소수의 자본가들이 암호화폐를 대량 구입한 후 스테이킹하게 된다면 지배권을 그들에게 뺏길 수 있다.

- 작업 증명에서 발생하는 채굴에 대한 보상이 없다.
- 이중 지불 문제가 발생할 수 있다.

  지분 증명에서는 블록체인을 여러 개의 포크로 나누고 증명하는 비용이 작업 증명처럼 발생하지 않는다. 따라서 악의를 지닌 공격자에 의해서 포크한 체인이 메인체인으로 바뀌게 되면 이중 지불 문제가 발생할 수 있다.

작업 증명과 지분 증명의 작동 방식은 다르지만, 분산 네트워크가 암호화폐를 공정하고 안전하게 처리할 수 있도록 하는 피어 투 피어 메커니즘을 생성한다는 점에서 이 두 메커니즘의 기능은 동일하다. 어느 것이 최선의 접근법인지는 참여자들이 중시하는 방향에 달려 있다.

스마트 컨트랙트

　스마트 컨트랙트smart contract 란 일종의 디지털 계약서를 의미한다. 지금까지의 계약서들은 서면으로 작성되어 계약 조건이 이행되면 해당 서면 계약서 문항을 보여주면서 조건 이행에 대한 보상을 요구해야만 했다. 혹은 PDF 전자서명 또는 '모두싸인' 플랫폼을 통한 디지털 계약을 하더라도 종이에서 전자 형식으로 바뀌었을 뿐 계약 조건이 이행되면 직접 사람이 조건 이행에 대한 보상을 요구한다는 점에서는 종이 서면 계약서와 비슷하다.

　계약 이행과 관련한 분쟁은 고대부터 전 세계 어느 나라나 있어온 문제이다. 현대 대부분의 소송, 고소 사건은 계약서와 관련해 있다. 아예 대놓고 계약을 이행하지 않아 사건이 되는 문제도 있지만 계약서 문구상 애매모호한 내용을 두고 분쟁하는 경우가 사실 더 많다. 변호사에게 정확히 자문을 받지 않고 대략적으로 작성한 계약서의 경우, 나중에 계약서 문구 해석을 두고 분쟁이 되는 경우가 많다.

스마트 컨트랙트는 위와 같은 문제를 해결하기 위해서 탄생한 개념이다. 1994년 닉 재보 Nick Szabo의 논문에서 최초로 제안된 개념이다. 스마트 컨트랙트는 지불 조건, 유치권, 기밀 유지 및 시행과 같은 일반적인 계약 조건을 충족시키고 악의적이거나 우발적인 예외를 최소화하며 신뢰할 수 있는 중개인의 필요성을 없애는 것을 목표로 한다. 쉽게 설명하면 계약 코드를 통해 법적인 제약 혹은 제3자의 강제력 없이 스스로 실행되는 전산화 계약이라고 할 수 있다.

스마트 컨트랙트의 특징

스마트 컨트랙트의 기본적인 특징은 다음과 같다.[*]

1) **관측 가능성** : 스마트 컨트랙트는 서로의 계약 이행 가능성을 관찰하거나 성과를 입증할 수 있어야 한다.

2) **검증 가능성** : 계약을 이행하거나 위반할 경우 계약 당사자들이 이를 알 수 있어야 한다.

3) **프라이버시** : 계약 내용은 계약에 필요한 당사자만 알 수 있어야 한다.

4) **강제 가능성** : 계약이 이루어질 수 있도록 구속력이 있어야 한다.

| 서면 계약서와 스마트 컨트랙트의 차이 |

	서면 계약서	스마트 컨트랙트
작성 언어	자연어	프로그래밍 코드
명확성	계약서 문구 해석에 따라 달라짐	조건에 따른 계약 수행 내용을 코드로 명확히 명시
이해자	사람	컴퓨터
계약 수행 방안	사람 또는 사법기관	네트워크에서 조건 갱신에 따른 계약 자동 이행

• https://upbitcare.com/academy/education/blockchain

위와 같은 스마트 컨트랙트는 논문에서 제안한 개념에 불과했고 실질적으로 시행되지는 못해왔다. 디지털상의 데이터가 쉽게 위변조가 가능했고 각 데이터의 무결성을 보장하는 기술이 부족했기 때문이다. 하지만 2015년 스마트 컨트랙트 전문 블록체인인 이더리움의 등장으로 본격적으로 구현이 가능해지기 시작했다. 블록체인 기술을 활용해 디지털 데이터의 무결성을 보장하고 조작을 방지하는 일이 가능해졌고, 블록체인 기반 스마트 컨트랙트가 탄생한 것이다.

기존 비트코인 네트워크의 경우 단순히 비트코인 입출금 내역만 블록체인에 기록할 수 있었기에 복잡한 계약 내용을 구현하기 어려웠다. 반면 이더리움은 계약 당사자들끼리 합의한 내용 및 조건을 소스코드로 작성해 블록체인 네트워크에 전송하면 네트워크 참여자들의 유효성 검증이 이루어지고, 검증 완료 시 해당 스마트 컨트랙트가 포함된 블록이 생성 및 배포되도록 했다.

블록체인 기반 스마트 컨트랙트는 기본적으로 모든 트랜잭션 로그가 있는 데이터베이스와 스마트 컨트랙트의 상태를 저장하는 데이터베이스 두 가지가 존재한다.

예를 들어 172쪽 그림에서 사각형 다이어그램 왼쪽은 상태 데이터베이스, 오른쪽은 트랜잭션 데이터베이스라고 할 수 있다. 상품을 판매하는 판매자가 판매 상품을 스마트 컨트랙트에 올리는 예제를 살펴보겠다. 판매자가 상품을 올리겠다는 트랜잭션을 만들어 블록체인에 전송하면(1~2) 블록체인의 노드들은 해당 트랜잭션을 공유한다(3). 블록체인 내부의 합의 알고리즘에 의해 선택된 블록 생성 노드가 해당 트랜잭션을 포함해 블록을 생성하고 블록을 배포한다(4~6). 블록을 전달받은 각 노드들은 해당 블록을 자신의 블록체인에 추가하고 해당 블록에 저장되어 있는 트랜잭션을 적용시켜 자신의 상태 데이터베이스를 갱신한다. 이러한 과정을 통해 모든 블록체인의 노드들이 같은 스마트 컨트랙트 상태 데이터베이스를 공유하게 된다. 이러한 방식으로 모든 데이터를 다함께 공유하기 때문에 특정한 사람이 스마트 컨트랙트의 실행 결과를 되돌리거나 조작하려고 해도 할 수 없는 무결성이 보장된다.

| 스마트 컨트랙트 동작 방식 |

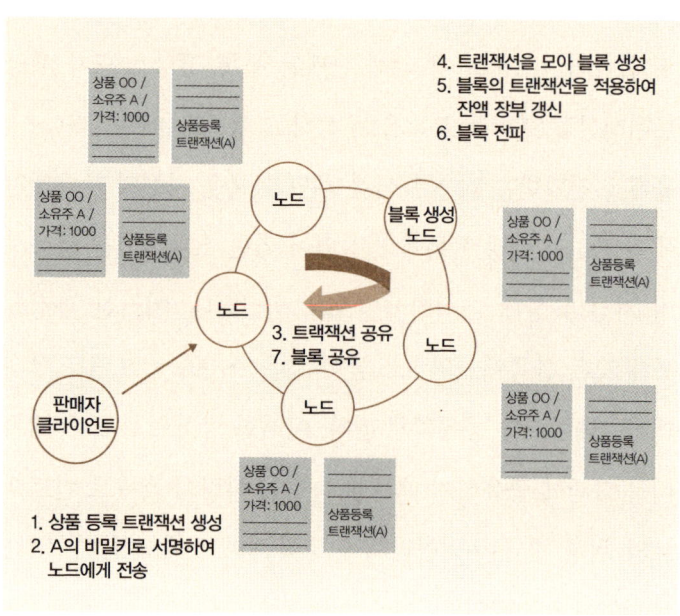

스마트 컨트랙트의 활용

스마트 컨트랙트는 계약서 실행 기술이기에 계약과 관련한 수많은 목적으로 사용될 수 있다. 가장 간단하게는 상품의 구매와 배송과 관련한 거래를 스마트 컨트랙트로 맺을 수 있다. 원재료를 필요로 하는 제조사가 스마트 컨트랙트로 지불 조건에 대해서 프로그래밍을 하고 공급자가 배송을 완료하면 자동으로 제조사로부터 공급사에게 대금이 지불되도록 하는 방식이다. 이외에도 부동산 거래, 공급망 관리, 헬스케어, 보험, 대출 등에 스마트 컨트랙트가 사용될 수 있다. 몇 가지 예를 간단히 살펴보겠다.

- 블록체인을 사용하면 부동산 소유권을 안전하고 투명하게 기록해 사기와 오류의 위험을 줄일 수 있다. 스마트 컨트랙트는 부동산 거래를 자동화하고 간소화하는 데에도 사용될 수 있다. 스마트 컨트랙트를 사용해 부동산 매물 업로드부터 계약 체결에 이르기까지 전체 주택 구매 프로세스를 자동화할 수 있다. 프로피Propy라는 플랫폼은 이러한 서비스를 제공해주고 있으며, 이미 블록체인 기술을 사용해 여러 건의

부동산 거래를 성공적으로 마쳤다.

- 블록체인은 공급망 산업에도 상당한 이점을 제공해 효율성, 투명성, 보안을 개선할 수 있다. 블록체인을 사용하면 공급업체, 제조업체, 유통업체, 소매업체가 모두 공급망의 모든 단계에 대한 변조 방지 기록을 공유할 수 있다. IBM Food Trust는 농장에서 매장까지 식품을 추적하는 블록체인 기반 시스템이다. 이 시스템을 통해 공급망의 모든 이해관계자는 식품의 원산지, 가공 및 유통에 대한 실시간 가시성을 확보할 수 있고 불량품이 발생했을 때 자동으로 추적, 폐기 처리가 되어 소비자 신뢰를 높이고 품질을 제고할 수 있다.

- 블록체인 기술은 환자 데이터를 안전하고 효율적으로 관리함으로써 의료 산업에 혁신을 가져올 수 있다. 블록체인을 통해 환자 데이터를 안전하게 저장하고, 확인하고, 의료 서비스 제공자, 환자, 연구자 간에 공유할 수 있다. 메드렉 MedRec은 스마트 컨트랙트를 사용해 의료 데이터를 안전하게 공유할 수 있도록 지원한다. 이 시스템을 통해 환자는 자신의 의료 기록을 관리하고 필요에 따라 의료 서비스 제공자에게 액세스 권한을 부여할 수 있다.

- 스마트 컨트랙트를 사용하면, 보험 가입자가 병원에 들렀을 때 복잡한 보험금 청구 없이 간편한 고객의 인증만으로 보험금 청구에 필요한 의무기록을 전자문서 형태로 보험사에 전송하고, 해당 의무기록과 보험가입 내용을 바탕으로 보험금이 원스톱으로 지불될 수 있다. 이를 통해 보험금 청구의 번거로움을 제거하는 한편 이중 청구 문제, 서류 위조 문제 등을 해결할 수 있다.
- 블록체인 기반 대출은 분산 원장을 활용한 거래 신뢰성 제고, 스마트 컨트랙트를 통한 시간과 비용 절감, 대출 과정의 간소화, 심사 효율화 등의 장점이 있다. 그동안의 거래 내역을 토대로 신원이 검증된 주체가 참여하고, 합의를 통해 분산 원장에 정보를 기록하기 때문에 거래 투명성이 확보되고 리스크가 완화되며, 빠르고 정확한 대출 심사 및 승인이 가능하다.

정리하자면 스마트 컨트랙트는 블록체인 네트워크상 계약서와 계약 이행 조건을 코드화한 시스템이다. 과거 계약들이 제3자의 권위 기관을 통해 이행이 강제되었다면, 스마트 컨트랙트는 코드 자체가 강제성이 있어 계약 당사자 간 분쟁 문제를 원천적으로 제거했다. 이에 따라 투명한 거래와 중개자 수수료 비용을 절감할 수 있다는 장점이 있다. 반면 이미 배포된 스마트 컨트랙트는 수정이 거의 불가능하며 대표적인 스마트 컨트랙트 블록체인 시스템인 이더리움이 사용하는 솔리디티 언어를 잘 모르면 스마트 컨트랙트를 배포하기 어렵다는 단점도 있다.

또한 이미 블록체인 밖에서 계약한 내용들을 스마트 컨트랙트로 재작성할 때 데이터 위변조가 발생할 수 있다는 문제점도 존재한다(오라클 문제). 이러한 문제점들은 블록체인 개발자들이 지속적으로 연구개발을 하며 블록체인 시스템을 업데이트하면서 해결해가고 있다. 예를 들어 오라클 문제는 투표(아토믹스왑, 어거), 중앙값(메이커토큰), 중간자(체인링크) 방식으로 해결하고 있다.

미래를 바꿀 블록체인 기술

　블록체인 기술은 우리 시대의 가장 혁신적인 기술 중 하나라고 말할 수 있다. 이번 장에서 다 담기 힘들 정도로 우리가 상상조차 할 수 없는 방식으로 세상을 변화시킬 잠재력을 가지고 있다.

　몇몇 유명인들이 '블록체인 기술은 현실성이 떨어진다', '제도권이 받아들이지 않을 것이다', '사기다', '비트코인 가격은 0원으로 수렴할 것이다'라는 말들을 수년 전부터 해왔지만 블록체인 기술은 계속해서 발전해왔으며 관련 산업, 투자는 매년 성장하고 있다.

특히 최근에는 세계 유수의 기업들이 블록체인 기술을 기업의 핵심 경쟁력으로 삼고 비즈니스에 활용하고 있다. 몇 가지 예시를 들어보겠다. DLT labs는 코로나19 유행이 한창일 때 수백만 명의 사람들이 효과적인 백신을 절실히 필요로 하는 상황에서 블록체인을 사용해 지능형 백신 추적 시스템을 만들어 예방 접종이 원활하게 진행되도록 했다. 월마트Walmart, 네슬레Nestle, 유니레버Unilever, 타이슨 푸드Tyson Food, 드리스콜스Driscoll's, 돌Dole 등 글로벌 식품회사들은 모든 식품 공급망 추적에 블록체인을 활용하고 있다. 원재료를 일일이 추적해 음식의 안전성과 신선도 향상을 도모하고 있다.

여행 산업에도 블록체인 기술이 많이 쓰이고 있다. 기존에는 호텔에서 예약 및 취소 정보를 담은 데이터를 직접 각 호텔 예매 중개 플랫폼에 전송했기 때문에 시간적 오차가 발생했다. 그러나 블록체인을 활용하면 실시간으로 전 세계 호텔 예약 정보를 모든 플랫폼에서 공유할 수 있다. Winding Tree, Webjet과 같은 여행 플랫폼에서 이미 시행 중인 서비스이다.

이외에도 블록체인 기술을 활용하고 있는 기업이 무수히 많기 때문에 더 이상의 예시는 생략하겠다. 블록체인 기술이 바꿀 미래를 요약해서 몇 가지 항목으로 간추려보겠다.

1) 푸드산업의 공급망 관리에서 엄청난 잠재력을 지니고 있다. 원재료를 일일이 추적해 안전하지 않은 원재료들을 필터링하고 신선한 원재료들만 선별할 수 있다.
2) 주식, 채권, 부동산과 같은 자산들을 추적할 수 있어 사기, 탈세, 위조 등을 방지할 수 있다.
3) 개발도상국들에서 흔히 발생하는 국가의 부정부패를 방지할 수 있다.
4) 블록체인 기술은 모든 사람들을 디지털 트랜잭션에 참여시켜 디지털 문맹과 격차를 해소할 수 있다.
5) 금융 거래비용을 줄이고 안전한 금융거래를 제공할 수 있다.
6) 인터넷 네트워크를 분산화해 해커들의 공격으로부터 저항력을 높일 수 있다.
7) 블록체인 기술은 다양한 어플리케이션에 적용 가능성이 무궁해 우리가 상상하지 못한 새로운 발명품이 탄생할 수 있다.

블록체인 산업 트렌드

블록체인이 바꿀 미래에 발빠르게 대응하고 주도권을 갖기 위해 전 세계 각국에서 관련 분야의 연구, 개발, 투자를 이어가고 있다. 전 세계 블록체인 시장을 지역별로 살펴보면, 2020년을 기준으로 북아메리카 지역이 39.1%로 가장 높은 점유율을 나타냈으며, 유럽 지역은 28.6%, 아시아-태평양 지역은 20.8%, 중동-아프리카 지역은 6.8%, 라틴아메리카 지역은 4.7%로 나타났다. 또한 2025년까지 연평균 60%가 넘는 굉장히 높은 성장을 할 것으로 예측되고 있다.[※] 위와 같이 블록체인 시장은 전 세계적으로 가장 빠르게 성장하는 대표적인 산업이 되고 있다. 최근 블록체인 산업 트렌드를 몇 가지 관점에서 살펴보겠다.

• 금융 업무에서의 블록체인

은행 및 금융 산업은 블록체인 기술을 채택하기 위해 기존 프로세스를 급격히 변화시킬 필요가 없어 블록체인

※ MarketsandMarkets, Blockchain Market, 2020

기술을 가장 빠르게 채택할 수 있는 분야다. 금융 기관들이 기존 은행 업무를 간편화하기 위해 블록체인을 쉽게 받아들일 수 있다는 뜻이다. 미국의 IT 분야 시장조사 및 컨설팅 기업인 가트너Gartner의 최근 연구에 따르면, 블록체인 기술은 금융 기관의 불필요한 수수료 및 기타 비용을 매년 200억 달러까지 줄일 수 있다.

- **전문적 블록체인 기술에 대한 수요 증가**

전 세계가 블록체인 기술의 잠재력을 인식함에 따라 기업에는 블록체인 전문가가 필요하게 되었다. 그러나 블록체인 전문 지식을 가진 사람들에 대한 수요에 비해 블록체인 엔지니어를 제대로 찾기는 어렵다. 따라서 경력을 고민하는 취업준비생이나 사회초년생에게 블록체인 기술은 전문가로 인정받을 수 있는 가장 확실한 길이 되고 있다. 정기적으로 연봉 관련 조사를 진행하는 컨설팅 업체 젠코어소시에이츠Janco Associates에 따르면, 블록체인 개발자의 평균 연봉은 12만 7,000달러(약 1억 6,000만 원)다. 최근 붐이 일고 있는 AI 개발자보다도 높은 수준이다.

- **블록체인과 사물인터넷**

블록체인은 신뢰성 있는 정확한 데이터를 제공할 수 있어 다른 기술들과 연계할 수 있는 잠재력이 무궁무진하다. 그뿐 아니라 데이터의 보안성까지 확실하기 때문에 개인정보에 민감한 현대사회의 입맛에 딱 맞는다. IDC는 연구조사 결과 2025년까지 전 세계 사물인터넷의 35% 가량이 블록체인 서비스를 채택할 것이라 예측했다. 또한 사물인터넷과 블록체인 시스템 결합이 가속화되면 종국에는 모든 사물인터넷이 블록체인을 채택할 것이라 전망했다. 더욱이 블록체인은 실시간으로 비용이 거의 없이 작은 데이터 트랜잭션도 처리할 수 있기 때문에 IoT 스마트 장비의 보급화에 더욱 기여할 수 있다.

- **스마트 컨트랙트와 법률 분야의 통합**

블록체인 기술 중 최근에 가장 각광받는 스마트 컨트랙트 기능으로 법률 분야의 혁신이 일어날 수 있다. 스마트 컨트랙트는 특정 조건이 충족되면 특정 작업을 자동으로 실행하는 시스템이다. 그러나 아무리 코드로 자동화한다고 하더라도 스마트 컨트랙트 참여자들 간의 분쟁이 발생할 수 있다. 따라서 스마트 컨트랙트가 기존 법률 제도를 100% 대체한다고 보기는 힘들다. 미래에는 스마트 컨트랙트와 기존 전통적인 법률 시스템이 적절히 혼합하는 형태를 기대할 수 있다.

암호화폐와 금융 분야를 중심으로 각광받기 시작한 블록체인 기술은 이제 금융 산업을 넘어 제조업, 공공서비스 부문 등 사회 전 영역으로 확산되고 있다. 물론 블록체인 시스템의 확장성 및 안정성 등에 대해 비판적인 의견도 여전히 존재한다. 또한 블록체인 기술이 보편적으로 적용되기에는 아직도 현실적인 기술 검증과 제도적 동의가 필요하다.

그럼에도 불구하고 블록체인 기술은 탈중앙화, 보안성, 투명성이라는 특징을 지니고 있어 4차 산업혁명의 기반기술로서 활용가치가 높다. 미국을 비롯한 선진국들은 블록체인 기술을 가장 핵심적인 4차 산업혁명의 분야로 선정하고 육성하고 있는 데 반해 국내는 아직도 도박 또는 신기루를 쫓는 기술로 치부하는 경향이 크다. 지금이라도 선도적 시장 창출 및 시장 확대의 선순환 구조 확립을 위해 시각을 전환해야 한다. 민간의 움직임으로는 한계가 있다. 블록체인 관련 인력을 양성하는 프로그램과 더불어 이와 연계된 신규 창업 및 재창업 유도로 신규 일자리 창출을 지원하는 일이 우선 바탕이 되어야 한다. 그리고 기존 산업과 융합 분야에서의 비즈니스 모델 개발 지원 등을 통한 블록체인 산업 활성화 분위기 조성, 블록체인 스타트업 창업에서부터 성장, 발전까지의 전주기 지원 등이 국가적 관점에서 필요하다.

5장

비트코인과 알트코인 투자

반감기에 따라 기하급수적으로 증가하는 비트코인 가치

비트코인 투자를 하는 독자분들이라면 반감기라는 말을 들어보았을 것이다. 반감기란 약 4년 주기로 채굴에 따른 보상량이 50% 줄어드는 것을 뜻한다. 비트코인은 총 발행량이 2,100만 개로 한정되어 있기 때문에 계속해서 무제한 채굴 보상을 받을 수 없다. 2009년 처음 비트코인이 탄생했을 때에는 블록 한 개를 채굴했을 때 약 50개의 비트코인을 보상 받을 수 있었다. 그러나 현재는 보상량이 약 6.25개로 줄어들었고 2024년 4월 다음 반감기 이후에는 3.125개로 줄어들 예정이다. 4년을 주기로 채굴자의 보상이 절반으로 줄어들며, 반감기 때마다 급격한 시세 변동을 동반하기 때문에 비트코인 네트워크에서 반감기는 굉장히 중요한 이벤트 중 하나이다.

반감기가 발생하면 채굴 보상이 반으로 줄어드는데, 이는 인플레이션이 반으로 줄어들고 비트코인 공급이 감소하는 효과를 불러일으킨다. 또한 채굴자들이 동일한 전기에너지를 소비해도 얻게 되는 보상이 절반으로 줄어든다. 따라서 수요와 공급의 법칙, 채굴자들의 이익 유지를 위해서 비트코인 가격이 상승하게 된다.

역사적으로 살펴보면 2012년에 첫 반감기를 맞이하면서 다음 해인 2013년에 급격하게 가격이 상승해서 100달러에서 1,000달러 가격대로 기하급수적으로 가격이 상승했다. 그러나 반감기 약 2년 후인 2014, 2015년에는 가격이 다시 떨어졌고 2016년도 반감기 이후 다음 해인 2017년 비트코인 가격은 최대 2만 달러까지 상승했다. 그 후 비트코인 가격은 다시 떨어졌고 2020년 반감기 이후 다음 해인 2021년 비트코인 가격은 최대 약 7만 달러 가까이 상승했었다. 주의해서 살펴보아야 할 점은 비트코인 가격은 반감기 다음 해에 가장 고점으로 상승하고 그 이후 고점 대비 약 80%가량

| 2012년 반감기 이후 비트코인 가격 변동 추이 |

날짜	2012년 11월 28일
블록 넘버	210,000
보상량	25
초기 비트코인 가격	$12
100일 후 비트코인 가격	$42
1년 후 비트코인 가격	$964

| 2012년 반감기 이후 비트코인 월봉 차트 |

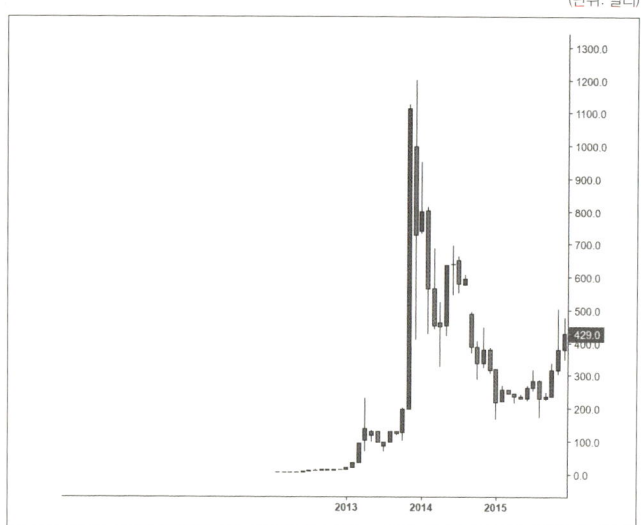

출처 : 인베스팅닷컴(investing.com)

하락했다는 점이다.

각 반감기별로 비트코인 가격 현황을 상세히 살펴보자.

• 비트코인 2012년 반감기

첫 번째 반감기는 2012년 11월 28일에 일어났다. 처음에는 반감기가 비트코인 가격에 눈에 띄는 영향을 미치지 않았지만 2013년 초 비트코인 가격이 상승하기 시작했고, 가을에 본격적 랠리가 계속되어 1,100달러 이상으로 마감되었다. 그 후 가격이 장기간 하락해 2015년 1월 14일에 152달러까지 떨어졌다. 마지막으로 다음 반감기 9개월 전인 2015년 10월에 꾸준한 성장이 다시 시작되었다.

• 비트코인 2016년 반감기

두 번째 반감기는 2016년 7월 9일에 일어났다. 비트코인 두 번째 반감기 전부터 비트코인 커뮤니티에서는 반감기에 대한 기대감이 컸다. 이러한 기대감으로 반감기 한 달 반 전인 5월 말부터 눈에 띄는 가격 상승으로 이어졌다. 그러나 6월 중순에 조정이 이루어졌고 반감 직후 가격이 다시 하락했다. 강세 추세는 곧 계속되었고 기하급수적으로 비트코

| 2016년 반감기 이후 비트코인 가격 변동 추이 |

날짜	2016년 7월 9일
블록 넘버	420,000
보상량	12.5
초기 비트코인 가격	$663
100일 후 비트코인 가격	$609
1년 후 비트코인 가격	$2,550

| 2016년 반감기 이후 비트코인 월봉 차트 |

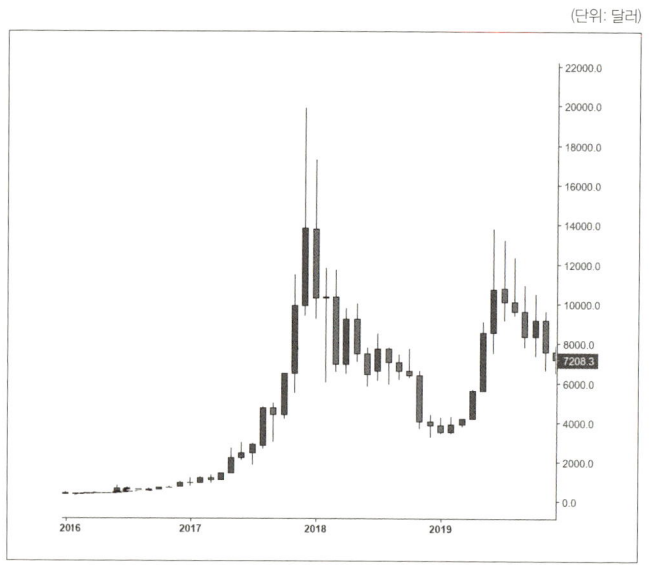

출처 : 인베스팅닷컴(investing.com)

인 가격이 상승했다. 2017년 12월 17일 비트코인 가격은 사상 최고치인 1만 9,700달러에 도달했다.

2017년에는 비트코인 및 기타 알트코인의 인기가 급격히 증가했고 일반인들이 암호화폐의 존재를 많이 알게 된 계기가 되었다. 특히 국내에서는 '김치프리미엄'이라고 해서, 해외보다 암호화폐 가격이 약 50%가량 높은 기현상을 보이기도 했다. 또한 ICO를 통해 수많은 알트코인이 출현했던 해이기도 하다.

• 비트코인 2020년 반감기

2020년 5월 11일에 발생한 세 번째 반감기 전후에 비트코인은 큰 가격 인상을 보이지 않았다. 연초에 비트코인 가격이 상승하기 시작했지만 3월에 시작된 코로나19로 인해서 비트코인 가격이 폭락했다. 그러나 이내 비트코인 가격은 다시 상승하기 시작했고 2020년 겨울부터 본격적인 상승 랠리를 보였다. 그리고 2021년 11월 10일 비트코인 가격은 사상 최고치인 6만 9,000달러에 도달했다. 그 후 가격이 장기간 하락해 2022년 11월 약 1만 5,000달러 부근까지 떨어졌다.

| 2020년 반감기 이후 비트코인 가격 변동 추이 |

날짜	2020년 5월 11일
블록 넘버	630,000
보상량	6.25
초기 비트코인 가격	$8,740
100일 후 비트코인 가격	$11,950
1년 후 비트코인 가격	$56,695

| 2020년 반감기 이후 비트코인 월봉 차트 |

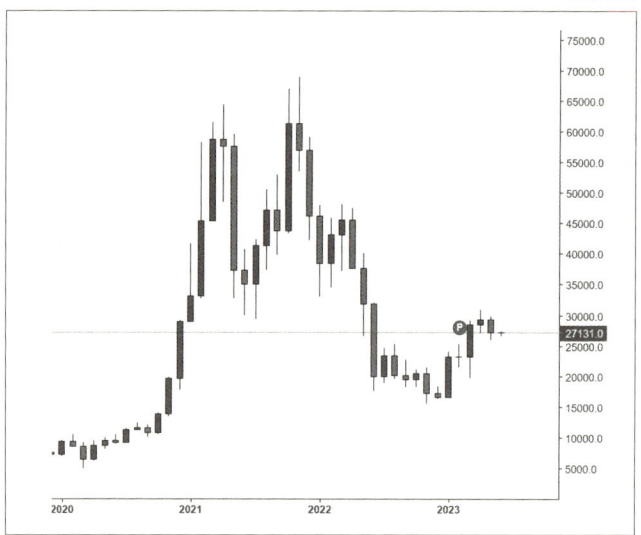

출처 : 인베스팅닷컴(investing.com)

200% 상승이 예상되는 다음 반감기

비트코인 반감기는 블록 보상이 0이 될 때까지 약 4년마다 반복된다. 그 이후에는 블록에 포함된 트랜잭션에 대한 수수료가 채굴자에 대한 유일한 보상이 될 것이다. 비트코인 다음 반감기(2024년 4월)가 다가옴에 따라 암호화폐를 다루는 다양한 온라인 플랫폼에서 비트코인 가격 예측이 급증하고 있다. 그러나 암호화폐 시장은 매우 변동성이 크기 때문에 비트코인 가격을 정확하게 단기적 관점에서 맞추기는 쉽지 않다. 그러나 이전 반감기마다 비트코인 가격이 어떻게 변동했는지 데이터를 분석해보면 어느 정도 흥미로운 패턴들을 발견할 수 있다.

- 첫 번째 반감기 시작일에 비트코인 가격은 12달러였지만 두 번째 반감기 이전에 1,200달러까지 기하급수적으로 상승했다. 이는 약 100배 상승이라는 놀라운 수치이다. 상승률로는 약 10,000%에 해당한다.

- 두 번째 반감기 시작일에 비트코인 가격은 약 650달러

였지만 이내 약 1만 9,000달러까지 치솟았다. 이는 약 2,900%의 놀라운 상승률이다.

- 세 번째 반감기 시작일에 비트코인 가격은 약 9,000달러였지만 7만 달러 부근까지 치솟았다. 이는 약 700%의 상승률에 해당한다.

위에서 언급한 수치를 기반으로 반감할 때마다 가격 상승 비율은 이전 증가분에서 약 3~4배 감소한다. 따라서 이러한 추세가 계속된다면 2024년 반감기에 예상되는 비트코인 가격 상승은 시작점에서 약 200% 이상 가격이 상승할 것을 예상할 수 있다. 따라서 비트코인 반감기 법칙에 의거한다면 비트코인 가격은 다음 반감기 이후, 원화 가격 기준으로 1억 원은 쉽게 돌파할 것으로 보인다.

반감기 패턴 이외에도 비트코인을 안전자산 및 헤지 용도로 찾는 투자자가 늘고 있기 때문에 비트코인의 가치는 지속적으로 상승하리라 예상된다. 미국 은행 금융위기와 정부 부채한도 불확실성이 비트코인의 가치를 잠재적으로 높일 수 있다는 점에서 투자자들이 비트코인 관련 상품을 주요 포트폴리오에 넣고 있다. 2023년 5월 블룸버그의 설문조사에서 비트코인이 금과 채권을 잇는 선호 투자자산으로 이름을 올렸다는 점이 그 근거이다. 비트코인은 미국 달러보다 높은 선호도를 나타냈다.

1비트코인 =
100억 이상

비트코인 가격 전망에 대해서는 경제학자, 유명인 등 할 것 없이 모두 의견이 분분하다. 가치가 0원으로 수렴한다는 의견부터 1억, 10억, 100억 원 이상으로 상승할 것이라는 의견들이 난무하다. 앞서 필자는 그동안의 반감기 패턴에 비추어 보았을 때 2024년 다음 반감기 이후로 최소한 1억 원 이상은 될 것이라고 예측한 바 있다. 수년 전 비트코인 가격이 몇십~몇백만 원 수준이었을 때, 비트코인이 1억 원 이상 될 것이라고 예측하면 모두 비웃었다. 그 당시에도 비트코인이 1억 원 이상은 갈 것이라고 예측한 학자들이 꽤 있었고, 심지어 '비트코인 1억 간다'는 제목의 책이 출간되기도 했다.

물론 지금 글을 쓰는 시점에 아직까지 전고점이 1억 원까지 도달하지는 못했지만 거의 1억 원에 근접했었고, 이제는 대중들도 '1비트코인 = 1억 원'을 현실성 있게 받아들이기 시작했다.

1비트코인이 100억 원이 되기 위한 조건

여기서 다시 한번 공격적으로 예측을 해서 1비트코인 = 100억 원이라는 주장을 해보려고 한다. 최근 들어 1비트코인 = 100억 원 이상을 주장하는 비트코인 맥시멀리스트들이 꽤 많아졌다. 처음 듣는 일반 대중들은 당혹스러울 수 있다. 실물로 보이지 않는 데이터가 어떻게 100억 원 이상이 될 수 있을지 당황스럽고 난감할 수 있다. 실제로 아직까지도 비트코인의 존재를 부정하거나 실체 없는 돈이라는 이유로 신뢰하지 않는 사람들이 꽤 많다. 그러나 필자의 책을 지금까지 읽은 독자분들이라면 화폐경제학적 관점, 기술적 관점으로 비트코인이 앞으로도 계속 진보할 화폐의 하나가 될 것이라는 믿음이 생겼을 것이다. 비트코인이 앞으로도 계속 살아남고 발전하며 절대로 0원이 되거나 사라지지 않을 것이라는 믿음이 생겼다면 이제 그 가치가 어디까지 올라갈지 추정해 볼 수 있다. 우선 비트코인 가치가 100억 원 이상으로 가기 위해서는 전제조건이 있다. 현재 쓰이고 있는 명목화폐 시스템이 붕괴되는 시나리오가 필수적이다.

달러를 비롯해 현재 우리가 쓰고 있는 명목 불환 화폐의 종말은 역사적으로 반복되어왔다. 수천 년 동안 세계가 알고 있는 모든 명목화폐는 같은 패턴으로 시작하고 끝났다. 고대 로마제국의 데나리온, 11세기 중국의 화폐, 프랑스 은행가 존 로John Law가 발생시킨 중앙은행 주식, 미국 초기 시대 콘티넨털 지폐, 제1차 세계대전 이후 독일 바이마르제국의 화폐 등이 그 예이다. 모든 명목화폐는 결국 붕괴하는데, 대체로 같은 이유 때문이다. 발행 정부는 과도하게 부채를 지고 화폐의 가치를 떨어뜨리거나 화폐를 과도하게 찍어냄으로써 특권을 남용해 신뢰체계를 무너뜨린다. 구체적인 종말 시기를 정하는 것은 어렵지만, 필연적으로 종국에는 불가피하게 붕괴되었다.

명목화폐 붕괴 주기는 다음과 같이 시작된다. 우선 화폐는 초기에는 항상 물리적 자산, 일반적으로 금, 구리 또는 은과 같은 귀중한 상품을 포함하거나 이를 보증하는 '경화hard currency'에서 시작되었다. 화폐 사용자는 해당 화폐가 특정 물리적 유형을 보증하는 특정 금액임을 알고 있기 때문에 화폐의 가치를 확신하게 된다. 이와 같이 교환 매체에 대한 신뢰가 쌓이면, 거래가 발생하고 시스템이 원활하게 실행되며 경제가 성장한다. 결국 화폐 발행 정부는 본인들의 성공에 대해 과신하게 되고 더욱 공격적으로 금융정책을 펼치고 싶어지는데, 그러다 보니 이 화폐가 특정 경화를 보증하는 제약 조건이 걸리적거리게 된다.

여기서부터 불태환 명목화폐가 시작된다. 이 시점부터 화폐를 더 이상 유형 자산이나 상품으로 교환할 수 없게 되며 그 대신 정부가 법적으로 그 가치를 보증하는 식으로 바뀐다. 발행인 정부의 보증 이외에 화폐는 더는 본질적인 가치가 없게 된다. 발행 정부는 이제 각종 기반 시설 프로젝트, 복지 프로그램, 전쟁 및 기타 국가가 생각하는 가치가 있다고 생각하는 모든 것을 위해 법정화폐를 마음대로 찍어내거나 빌릴 수 있게 된다. 경화의 족쇄가 없기 때문에 돈은 계속 찍혀 나오고 전체 금융 시스템은 풍부한 돈으로 넘쳐나게 된다.

그러나 결국 정부와 국민 모두가 감당할 수 있는 범위를 넘어서게 되고, 명목화폐를 찍어내면서 지는 부채가 감당할 수 없는 수준이 된다. 이를 해결하기 위해 정부는 인쇄기를 더욱 부지런히 가동해 돈을 찍어내서 또 빚을 갚는 악순환을 반복한다. 정부가 명목화폐를 만드는 고유한 특권을 노골적으로 남용하고 있다는 것이 명백해지면 화폐와 화폐 발행자에 대한 신뢰가 흔들리기 시작한다.

시간이 지나면서 특정 자산을 구매하는 데 더 많은 명목화폐가 필요하게 된다. 이러한 인플레이션은 처음에는 천천히 발생하다가 어느 순간 갑자기 폭발적으로 발생하게 된다. 기하급수적으로 인플레이션이 증폭되면 통화 체계가 완전히 붕괴하게 된다.

잿더미에서 새로운 화폐경제체제를 구축하기 위해서 차기 정부는 다시 한번 신뢰 가능한 교환의 매개체를 찾게 된다. 따라서 금, 구리, 은과 같은 유형 자산 또는 비슷한 특성을 지닌 무언가를 찾게 되고 다시 한번 새로운 사이클이 시작된다.

현재 달러는 화폐 종말 사이클의 거의 마지막 단계에 와 있다고 할 수 있다. 닉슨 대통령이 1971년 금과의 연결고리를 끊는 불태환 화폐 선언을 한 이후 달러는 국가가 마음대로 찍어낼 수 있는 명목화폐로 전락했다. 그리고 1990년대 이후 중앙은행은 인플레이션 지표와 상관없이 금융 시장에 이상 징후가 있을 때마다 대량의 유동성을 주입하는 방식으로 문제를 계속 해결해왔고, 이는 자산 거품, 부의 불평등, 감당 불가능한 국가 부채 수준을 초래했다.

이는 2008년 서브프라임 모기지 사건과 같은 역사적인 사건을 초래하기도 했지만, 여전히 국가는 양적완화(돈 찍어내기)로 계속 문제를 해결했다. 현재 미국 정부의 부채 수준은 이미 정부도 손을 쓸 수 없는 단계가 되었다. 할 수 있는 일이라곤 매년 의회에서 부채한도 상한선을 올리면서 더 많은 돈을 찍어내는 것밖에 없다. 이미 되돌릴 수 없는 돈 찍어내기 마약에 중독되었기 때문에 이를 해결하기 위해서는 특정 유형의 경화 시스템과 명목화폐를 다시 연결하고 조정할 수밖에 없다.

이상적인 화폐, 비트코인

그렇다면 어떤 유형의 자산이 새로운 화폐 시스템의 매개체가 될 수 있을까? 이상적인 가치저장 또는 화폐의 수단이 되기 위해서는 이른바 아래와 같은 속성을 지녀야 한다.

- **내구성**: 썩거나 쉽게 부서지지 말아야 함.
- **휴대성**: 이동 및 보관이 쉬워서, 분실이나 도난으로부터 안전하게 지킬 수 있고, 장거리 교역에도 편하게 사용할 수 있어야 함.
- **검증성**: 신속하게 식별하고 검증할 수 있어야 함. 검증이 쉬워야 교역 당사자가 더 믿을 수 있고, 교역이 성사될 가능성이 높아짐.
- **가분성**: 쉽게 나눌 수 있어야 함.
- **희소성**: 위조가 불가능하고, 진귀해야 함. 즉, 풍부하지 않거나, 쉽게 얻거나 생산할 수 없어야 함.

위와 같은 관점에서 볼 때 전통적인 금보다는 비트코인이 훨씬 이상적인 가치저장 수단, 화폐가 될 수 있다. 우선 휴대성 측면에서 볼 때, 비트코인은 금보다 훨씬 휴대성이 좋다. 수억 달러 상당의 비트코인을 개인 키로 작은 USB 메모리카드에 저장할 수 있고, 어디든 쉽게 지니고 다닐 수 있다. 또한 아무리 많은 금액이라도 지구 반대편에 있는 사람들에게 거의 즉시 전송이 가능하다.

검증성 측면에서도 금은 도금 등을 통한 가짜 금괴를 만들 수도 있고, 정확한 무게 측정이 쉽지 않다. 반면 비트코인은 소유자의 암호화 서명을 통해 공개적으로 비트코인 소유권을 명확하게 증명할 수 있다.

가분성 측면에서도 비트코인은 1억분의 1까지 나눌 수 있으며 극소량도 전송이 가능한 반면 금은 그렇지 않다.

희소성 측면에서도 비트코인은 최대 2,100만 개까지 생성되도록 정확하게 설계되었기 때문에 비트코인 소유자는 자신이 전체 공급량 중 몇 %를 보유했는지 명확히 알 수 있다. 반면 금도 희소성을 인정받아왔지만, 기술적으로 채굴 방법이 진보함에 따라 금 채굴이 늘어나면서 공급이 늘어날 수도 있고, 전 세계적으로 금이 얼마나 배분되어 있는지 명확히 알기도 어렵다.

내구성 측면에서 금은 수천 년 동안 최고라고 인정받고 있다. 수천 년 전에 만들어진 파라오의 황금 장신구도 아직까지 현존할 정도이기 때문이다. 하지만 비트코인도 개인이 콜드 월렛에 보유하게 되면 해커의 탈취로부터 안전한 영원불

멸의 데이터가 되기 때문에 내구성 측면에서도 금에 못지않다고 평가받는다.

결론을 설명하기 위해서 설명이 조금 길었지만 이제 정리해보려 한다. 결론적으로 특정 유형 자산을 담보하는 경화 통화 시스템을 벗어난 명목화폐는 역사적으로 항상 파국을 맞는 패턴이 있었고, 현재 미국 달러를 위시한 화폐 시스템은 파국 패턴의 마지막 단계에 와 있다고 할 수 있다. 화폐 시스템 재건을 위해서는 다시 한번 유형 자산을 담보하는 경화 통화 시스템을 채택할 수밖에 없을 것이고, 이 유형자산은 금보다는 비트코인이 될 확률이 크다.

만약 새로운 통화 시스템의 매개체가 비트코인이 되고 비트코인이 전 세계 금융의 공식적인 담보물이 된다면 그 가치는 기하급수적으로 상승하게 될 것이다. 비트코인 반감기 패턴, 수요와 공급에 법칙에 의해서 2030년 이후에는 1비트코인의 가치가 100만 달러(약 13억 원)에 도달할 것이라는 분석이 있다. 추가적으로 달러를 중심으로 한 금융 시스템이 붕괴되기 직전 국가가 달러 찍기를 더욱 남발하게 되면 명목상 비트코인 가치는 더 오르게 된다.

현재 미국 M2 통화 공급량은 급격하게 늘어나고 있으며 지난 10년간 약 2배가량 증가했다. 2030년 초, 약 10년 후까지 미국 금융 시스템 붕괴가 임박하면서 더욱 많은 돈을 찍어내게 되면 통화 공급량이 지금보다 7~10배가량 많아질 테고, 명목상 비트코인 가격이 100억까지 상승할 것이라 생각한다. 물론 연준이 이러한 시나리오를 예방하기 위해서 열심히 긴축정책을 펼치려고 하겠지만, 그 여파로 SVB 등 대형 은행들이 무너지는 사태를 보았기 때문에 어느 순간부터 급격한 긴축정책도 사실상 포기하게 될 것이다.

FOMO와 FUD에 담대해지기

　FOMO(포모)는 'fearing of missing out'의 약자로, '놓치거나 제외되는 것에 대한 두려움'이라는 뜻이다. 암호화폐 투자자들 사이에서는 자신이 투자하지 못한 특정 암호화폐의 가치가 급상승하고 있을 때 이익을 얻지 못할까 봐 생기는 불안감을 묘사하는 데 사용된다. 반면에 FUD(퍼드)는 'Fear, Uncertainty, Doubt'의 약자로, 하락장에 막연한 두려움 때문에 자신이 가지고 있던 암호화폐를 팔아버리는 것을 이르는 말이다.

　일반적으로 암호화폐 투자자들은 다른 자산 투자에 비해

포모와 퍼드에 많이 노출된다. 그도 그럴 것이, 암호화폐는 다른 자산에 비해서 변동성이 훨씬 크기 때문이다. 하지만 포모와 퍼드에 대담해지고 마음을 내려놓는 방법이 장기적으로 훨씬 더 큰 수익을 안겨줄 수 있다.

포모, 덩달아 탑승하고자 하는 심리

먼저 포모에 대해서 자세히 알아보자. 포모는 비트코인 등 특정 암호화폐 가격이 급격히 올라갔을 때 자신도 덩달아 그 이익에 탑승하고자 뒤늦게 탑승하는 전략이다. 주로 비트코인 반감기 이후, 비트코인 가격이 급상승한 뒤 알트코인들의 가격이 덩달아 초급등할 때 발생하는 현상이다. 시총이 작은 알트코인들은 1~2개월 사이에 10배~20배씩 상승하곤 하는데, 이때 수억~수십억 원씩 벌어서 회사를 퇴사했다는 몇몇 사람들의 이야기가 기사화되면서 다른 사람들도 덩달아 포모 대열에 탑승하곤 한다.

일반 대중들이 암호화폐 포모를 가장 강렬하면서 처음 느꼈던 때, 2016년 반감기 1년 이후 2017년 하반기를 생각해보자. 당시 비트코인 가격이 몇 달 사이에 2,000만 원 이상으로 급등하면서 시총이 작은 알트코인들의 가격이 엄청나게 빠르게 치솟았다. 특히 국내의 경우 많은 알트코인들을 상장한 업비트 거래소가 설립되면서 암호화폐 투자 열풍이 불었고, 동일한 암호화폐가 해외 거래소보다 국내 거래소에서 최대 50% 이상 비싸게 거래되는 기현상이 벌어지기도 했다.

당시 업비트 거래소에서 빠르게 상승한 몇몇 알트코인의 가격 추이를 상세하게 살펴보자. 너무나 많은 코인들이 급상승을 해서 여기에 모든 사례를 다 담을 수 없으니, 필자가 큰 인상을 받았던 몇몇 코인들만 나열해보겠다.

중국의 이더리움이라고 불렸던 퀀텀 코인은 2017년 11월까지만 하더라도 1만 원 초반대에서 가격을 형성했다. 그러다가 2017년 12월 갑자기 가격이 급등하면서 7만 4,000원으로 종가를 마감하더니 2018년 1월에는 최고가 12만 7,000원까지 가격이 치솟았다. 실시간 자금 송금을 위해 개발된 리플 코인의 경우 2017년 11월에는 가격이 200원대에 불과했지만 2017년 12월 2,745원에 종가를 마감하고 2018년 1월 최고가 4,925원까지 가격이 급등했다. 카르다노 재단에서 만든 3세대 코인의 선두주자 에이다 코인의 경우 2017

년 10월에는 가격이 50원도 하지 않았지만 2017년 12월 1,075원까지 가격이 급등했고 2018년 1월 1,995원까지 가격이 올라갔다. 이외에도 많은 코인들이 이 시기에 가격이 급등했다. 2~3개월 사이에 10~20배 급등한 코인이 넘쳐났다. 코인 가격이 급등하고 여기저기서 돈을 벌었다는 소식을 듣자 암호화폐 투자를 하지 않았던 일반 대중들이 덩달아 투자에 뛰어들면서 마지막 피날레를 장식했다.

포모가 만연할 때에는 꼭 공통점이 있다. 언론을 통해서 해당 암호화폐의 성장성, 미래가능성, 기술완전성 등이 과대 포장된다. 그러면 해당 언론 기사를 읽은 일반 대중들은 이미 꼭대기까지 오른 코인 가격이 더 오를 것이라 생각하고 더 산다. 실제로 퀀텀 코인 가격이 12만 원이 넘었을 때에는 20만 원까지 간다고 생각하고 꼭대기에서 산 사람들이 많았고, 리플이나 에이다도 1만 원까지 오른다고 외치면서 막차에 탑승한 사람들이 부지기수이다.

당시 올라왔던 기사 몇 개를 예로 들면 다음과 같다.

- '퀀텀, 130% 급등 "새로운 사냥감"…비트코인, 2,200만 원 돌파', 2017년 12월 19일, 《조선비즈》

- '[가상화폐] 퀀텀 기반 블록체인 플랫폼, "2,000만 달러 하드캡 확보"', 2018년 1월 12일, 《한스경제》
- '[가상화폐] 중국판 이더리움 '퀀텀', 비트코인뉴·치후 360와 협력', 2018년 1월 14일, 《한스경제》
- '가상화폐 리플 50% 급등, 시가총액 2위 자리 꿰차', 2017년 12월 30일, 《뉴스1》
- '리플 나홀로 독주, 1,700원 넘어…CNBC "일본 신용카드 컨소시엄 기대감"', 2017년 12월 28일, 《조선비즈》
- '가상화폐 리플 104.61% 올라…전문가 "송금 연동 테스트 성공 때문"', 2017년 12월 30일, 《아시아투데이》
- '[특징 코인] 에이다(ADA) 카르다노, 오는 5일 로드맵 업데이트 예고 관심', 2018년 1월 3일, 《글로벌경제신문》
- "'일본의 이더리움' 에이다(ADA), 글로벌 시총 6위 올라', 2017년 12월 19일, 《서울경제》
- '[비트코인 트레이더] 3세대 블록체인 카르다노(ADA)', 2018년 1월 4일, 《매일경제TV》

특정 암호화폐 가격이 많이 올랐다, 로드맵을 발표했다, 컨소시엄을 맺었다, 개발을 진척했다 등과 같은 포모를 유도하

| 퀀텀 · 리플 · 에이다 차트(상 · 중 · 하) |

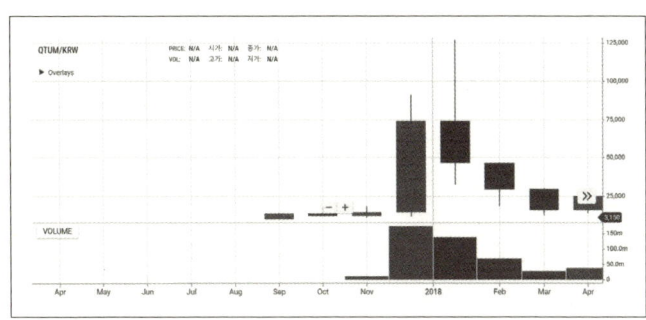

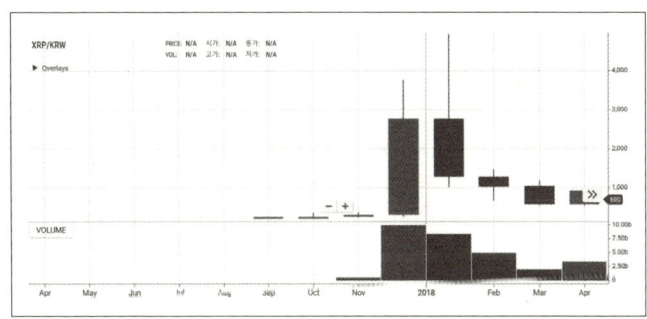

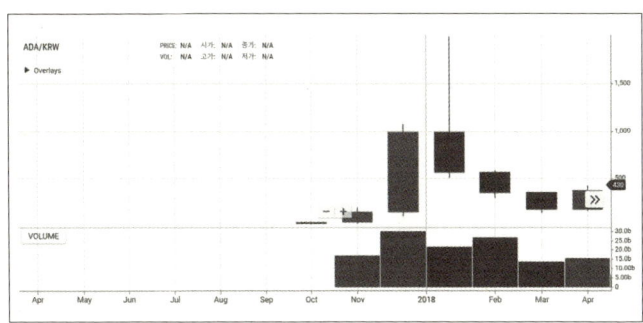

출처 : 업비트

는 기사들이 쏟아져 나오고, 일반 대중들은 그 기사와 주변의 성공담에 도취되어 막차 행렬에 탑승한다. 그리고 그 이후에는 언제나 211쪽 차트와 같이 폭락이 뒤따른다.

퍼드, 패닉셀을 유도하는 공포심

반대로 퍼드에 대해서 살펴보자. 퍼드는 시장이 아예 망해버릴 것 같을 정도의 심한 공포감을 심어주는 부정적인 사건이 발생하고 이에 관한 기사들이 도배되면서 패닉셀(공포심에 따른 매도 현상)을 유도한다. 퍼드일 때에 비트코인 가격은 50% 이상 하락하고 알트코인들은 80~90%씩 하락하곤 한다. 너무나 빠르게 순식간에 하락을 하기 때문에 심한 공포감에 너도나도 시장가에 매도를 하게 된다. 대표적인 퍼드로는 중국 관련 이슈들이 있었다.

2017년 9월 15일 중국이 암호화폐 거래소 폐쇄 선언을 했는데, 이와 관련해서 퍼드 기사들이 뉴스스탠드에 도배되었다.

- '中 정부 "가상화폐 거래 자체 전면 금지"… 중국내 가상화폐 자금 해외로 이동', 2017년 9월 20일, 《디지털 투데이》
- '中 비트코인 전면 금지…가상화폐의 근간 흔들리나', 2017년 9월 19일, 《연합인포맥스》
- '비트코인에 대형 악재… 중국 정부 가상화폐 막는다', 2017년 9월 15일, 《오센》

뉴스가 나오기 직전에도 이미 소문이 돌아 가격이 떨어지기 시작했고, 15일 뉴스가 나오자마자 가격은 급속도로 떨어졌다. 아래 빗썸 거래소 비트코인 차트를 보면, 며칠 사이에 최고점 대비 최저점이 거의 50% 가까이 하락한 사실을 알 수 있다.

4년 후인 2021년 5월에도 비슷한 일이 반복되었다. 중국은 2021년 5월 21일 비트코인 채굴과 거래 금지를 발표했다. 미국도 5월 20일 연준 의장이 암호화폐가 금융 안정성을 위협한다고 언급하며 규제 강화를 시사했다.

- '미중 잇달아 암호화폐에 칼 빼들었다…코인러들 어쩌

| 2017년 9월 비트코인 차트 |

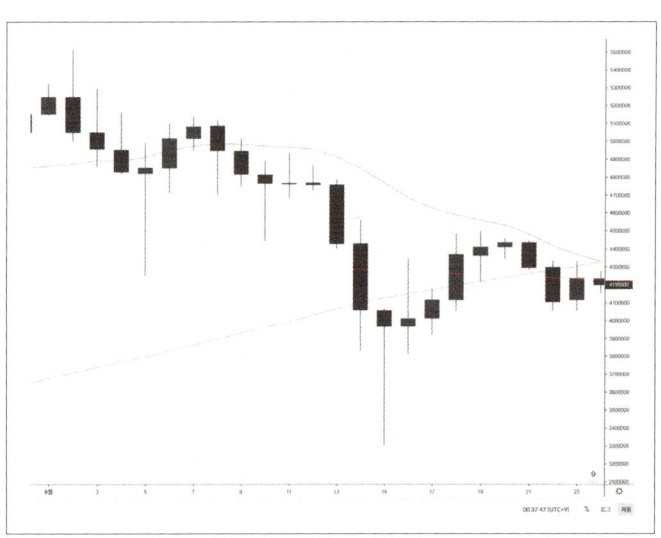

출처 : 빗썸

나', 2021년 5월 22일, 《뉴스1》
- '中 암호화폐 단속 강화…비트코인 등 10% 이상 급락', 2021년 5월 22일, 《데일리안》
- '중국 "비트코인 채굴·거래 행위 단속"… 주요 가상화폐 10% '뚝'', 2021년 5월 22일, 《머니에스》

역시 시장에서는 뉴스가 나오기 전부터 소문이 돌아 이미 가격이 떨어지기 시작했고 뉴스가 나온 시점 이후로 더욱 빠르게 하락했다. 이때에도 역시 비트코인 가격은 고점 대비 저점이 약 50% 가까이 하락했다.

재미있는 사실은 대형 악재 퍼드 이후에는 언제나 빠르게 반등을 했다는 사실이다. 퍼드 때에는 시장이 거의 망하는 분위기가 조성되었지만 언제 그랬냐는 듯이 비트코인 가격은 급상승했다. 2017년 9월 퍼드 이후 하반기 비트코인 가격은 2,000만 원을 돌파하면서 최고의 한해를 보냈으며, 2021년 5월 퍼드 이후 2021년 11월 비트코인 가격은 전고점을 찍으면서 다시 한번 상승했다.

필자는 이러한 일련의 사태들이 우연이라고 보지 않는다. 좋은 사건, 안 좋은 사건들이 연속적으로 쏟아지면서 가격

| 2021년 5월 비트코인 차트 |

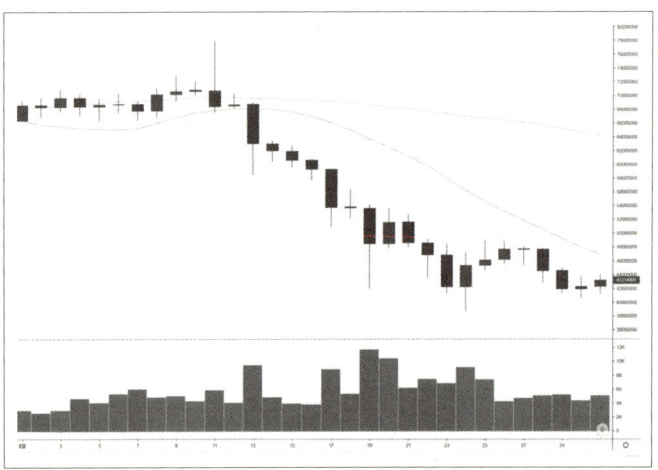

출처 : 업비트

변동성을 극대화한 이후에 다시 가격 추이는 반대로 급반전 되곤 한다. 주식, 금에 비해서 아직 시장이 작고 개인 투자자가 많다는 점, 또한 휴일 없이 365일 24시간 거래가 이루어지는 암호화폐 거래의 특성상 포모, 퍼드 뉴스에 무엇보다도 가격 변동성이 극심할 수밖에 없다. 시세를 조종하고 자기 이익을 극대화하기 위한 큰손 세력들의 작전이라고 생각한다.

따라서 일반 투자자들은 이러한 뉴스에 현혹되지 말고 큰 사건이 터지면 뉴스와 반대로 생각하는 습관을 들여야 한다. 포모 뉴스가 연달아 나오면 매도 타이밍을 생각해야 하고, 퍼드 뉴스가 연달아 나오면 매수 타이밍 또는 홀딩을 생각해야 한다.

현명한 알트코인 투자방법

 이번 절 제목이 '현명한 알트코인 투자방법'이지만, 사실 더 안전한 방법은 알트코인에 투자하지 않는 것이다. 오직 비트코인만 투자하는 게 가장 안전하면서 수익을 내는 방법이다.

 우선 비트코인은 반감기라는 확실한 이벤트가 있으니 4년에 한 번씩 급격한 시세 변동을 기대할 수 있다. 또한 상폐 위험성이 전혀 없어 현물을 보유하고 있으면 최대 4년만 기다리면 반감기 법칙에 의해 무조건 수익을 거둘 수 있다.

 이러한 비트코인의 장점이 있음에도 불구하고 대부분의

개인 투자자들은 비트코인이 아닌 알트코인에 투자를 한다. 이유는 간단하다. 비트코인은 너무 비싸기 때문에 싼 알트코인에 눈이 갈 수밖에 없다. 그리고 몇몇 알트코인들은 호황을 뜻하는 이른바 '불장'일 때 두세 달 사이에 10~20배씩 상승하기에 대박의 꿈을 안고 알트코인을 사는 경우가 많다. 실제로 알트코인으로 단기간에 수십억 원을 벌고 퇴사 또는 은퇴를 했다는 경험이 불장일 때 단골 뉴스로 등장한다.

그래서 이번 절에서는 알트코인 투자에 대해서 좀 더 깊게 다루려고 한다. 알트코인의 명암을 살펴보고, 알트코인 투자를 하려고 한다면 어떠한 알트코인들에 투자해야 하는지 살펴보겠다.

알트코인 투자는 검증된 코인 위주로

우선 알트코인의 최대 장점은 유행(트렌드)이 있다는 점이다. 특정 분야 또는 성격의 알트코인들이 유행을 타면 해당 유행의 알트코인들의 가격이 급등한다. 대표적으로 2017년 불장 때에는 중국 계열 코인(네오, 퀀텀, 트론), 3세대 코인(에이다. 이오스)가 유행의 물결을 탔다. 2021년 불장일 때에는 NFT 코인(쎄타토큰, 칠리즈, 샌드박스, 엑시인피니티, 디센트럴랜드, 플로우, 엔진, 보라), 디파이 계열 코인(루나, 클레이튼)이 유행의 물결을 탔다. 해당 계열의 코인들은 엄청난 인기를 끌었는데, 1~2개월 사이에 10배 이상은 쉽게 올랐다.

  미래를 예지할 수 있는 능력이 있어서 저점에 미리 사두었다가 해당 계열의 코인이 오를 때 고점에서 매도하면 정말 좋겠지만, 대부분의 개인 투자자들은 그렇지 못하다. 고점 거의 끝자락에서 유행을 타는 코인에 올라탔다가 손해를 보고 만다. 유행을 타는 코인은 급등하지만 반대로 급락을 하곤 한다. 불장이 끝나면 세상을 바꿀 것 같았던 이런 코인들의 소식은 쥐도 새도 모르게 조용해진다. 2021년 세상을 요동치게 한 NFT 유행에 대해서 살펴보자. NFT, 즉 대체 불가능 토큰이란 블록체인 기술을 이용해서 디지털 자산의 소유주를 증명하는 가상의 토큰이다. 그림, 영상 등의 디지털 파일을 가리키는 주소를 토큰 안에 담음으로써 그 고유한 원본성 및 소유권을 나타내는 용도로 사용된다. 당시 NFT 열풍은 대단했고, 몇몇 암호화폐 갑부들이 NFT 미술품을 초고가에 구매해 더욱 기사화되곤 했다.

| NFT 계열 코인 차트 |

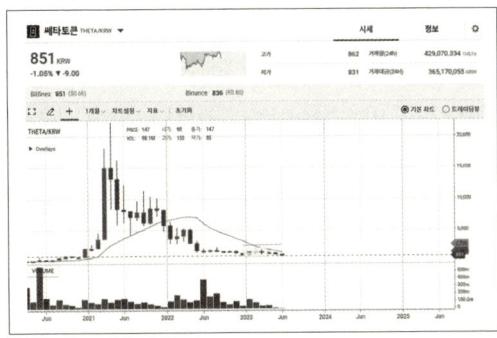

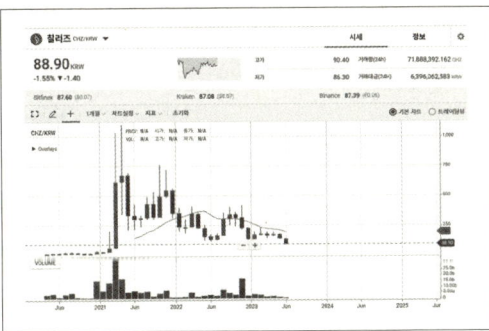

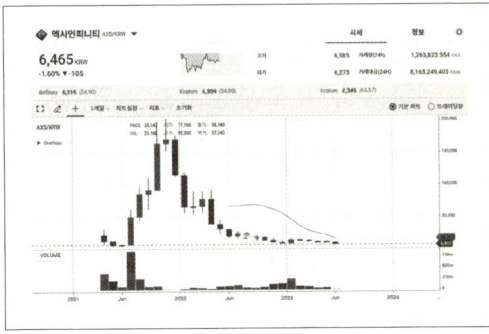

출처 : 업비트

당시 NFT 계열 코인들의 차트를 몇 개 살펴보겠다.

단기간에 급등하고 모두 급락한 차트를 볼 수 있을 것이다. 물론 비트코인이 하락했기 때문에 어쩔 수 없었다고 항변할 수 있지만, 비트코인 하락폭보다 훨씬 큰 하락이라고 볼 수 있다. 모두 고점 대비 90% 이상의 마이너스를 기록하고 있다. 더 최악의 시나리오는 코인이 없어지거나 상폐되는 것이다. 한국인이 개발하고 시총 8위까지 올라갔던 루나 코인은 세상에서 사라지고 말았다. 페이코인, 위믹스, 휴먼스케이프 등 한때 열풍이 불었던 코인들도 국내 주요 거래소에서 상폐되었다. 알트코인 투자는 상당 부분 운에 의존하게 되고, 급격하게 오른 코인들의 말로는 대부분 폭락 또는 상폐로 종말을 짓게 된다. 따라서 알트코인에 투자할 때는 굉장히 주의를 기울여야 하고 최대한 보수적으로 접근해야 한다.

그래도 알트코인에 투자를 하려고 한다면 오래된 코인에 투자하라고 권하고 싶다. 오래된 코인이 진부하고 구식이기 때문에 최신 트렌드의 코인을 투자하고 싶은 욕구가 생기겠지만, 절대 그렇게 해서는 안 된다. 알트코인은 최대한 개발 프로젝트가 오래 진행되어온 구식 코인에 투자해야 한다. 이러한 코인들은 다음과 같다. 이더리움, 이더리움 클래식, 라이트코인, 비트코인캐시, 리플 등이다. 이러한 코인들은 개발 프로젝트는 짧게는 5년, 길게는 10년이 되었고 자금도 넉넉하기 때문에 다른 알트코인들에 비해서 망하거나 상폐될 위험이 적다.

물론 이러한 코인들은 개발된 지 오래되었기 때문에 최신 트렌드 또는 테마에는 부합하지 않고 가격이 급하게 튀어오를 확률도 적다. 하지만 급격히 큰돈을 버는 것보다 더 중요한 게 돈을 잃지 않는 것이다. 내가 투여한 자금이 절대로 허무하게 공중분해되지 않을 코인에 투자하라. 그리고 알트코인에 투자하더라도 꼭 비트코인을 포트폴리오에 넣는 것을 권유한다.

주식·부동산을 능가하는 가장 큰 투자 기회, 비트코인

투자를 한다고 하면 가장 먼저 주식, 부동산을 떠올린다. 비트코인은 아직도 도박이라고 생각을 하는 사람들이 많다. 이번 절에서는 비트코인이 절대 도박장이 아니며 주식, 부동산을 능가하는 현존하는 가장 큰 투자 기회처라는 점을 밝히려 한다.

우선 주식과 비트코인을 투자 관점에서 비교해보겠다. 주식은 국내를 기준으로 장이 오전 9시에 시작해서 오후 3시 30분에 마감하고, 평일만 장이 열린다. 반면에 비트코인 거래는 365일 24시간 내내 이루어진다. 특히 비트코인은 주식과 달리 국내장, 해외장이 구분되어 있지 않다. 따라서 미국 중심의 장이 열릴 때에는 국내 기준으로 새벽에 거래가 활발하고 중국, 국내 중심으로 장이 열릴 때에는 또 낮에 활발히 거래가 이루어진다.

주식의 경우 국내 코스피, 코스닥은 상한가, 하한가가 각각 +30%, -30%인 반면 비트코인 등 암호화폐 거래는 상한가, 하한가가 정해져 있지 않다. 이러한 특성 때문에 비트코인 거래는 주식에 비해서 훨씬 더 변동성이 크고 순환 주기도 훨씬 빠르다. 주식은 매도를 하더라도 예수금 제도에 따라 바로 현금으로 출금하지 못하고, 보통 3일 정도 계좌에 돈이 묶인다. 반면 비트코인은 매도 후 바로 현금화가 가능하다.

비트코인이 주식보다 나은 이유

앞서 주식과 비트코인을 거래 관점에서 간단히 비교했다면 이제 비트코인이 주식보다 왜 더 기회가 크고 좋은 투자처인지 몇 가지 이유를 설명하겠다. 우선 주식은 거래시간이 정해져 있고 상한가, 하한가 폭이 정해져 있기 때문에 코인에 비해서 거래가 활발하지 않고, 따라서 변동성이 적다. 이게 장점이 될 수도 있지만, 반면 한번 손실을 보면 그 주식을 아무리 오래 들고 버텨도(이른바 '존버'를 해도) 내가 샀던 가격까지 오르지 않는 경우가 있다. 실제로 10~20년이 지나도 아직도 이전 전고점을 회복하지 못한 주식 종목들이 꽤 있다. 227쪽과 228쪽에 예시로 캡처한 차트 종목들은 모두 10년 이상, 길게는 20년이 넘었지만 아직도 전고점을 회복하지 못한 종목들이다. 반면 비트코인의 경우 손실을 보더라도 반감기 주기인 최대 4년만 기다리면 원금 이상의 수익을 거둘 수 있다.

또한 주식에 비해서 비트코인은 훨씬 더 블루오션 시장이기 때문에, 큰 수익을 기대할 수 있다. 특정 종목 또는 자산이 크게 오르기 위해서는 이른바 '큰손'들이 투자를 해야 한다. 돈 많은 큰손들은 개인보다는 주로 국가 또는 기업과 같은 기관들이다. 국내 코스피의 경우 1980년대 초부터 시작했기 때문에 이미 40년이 넘었으며, 미국 다우, 나스닥의 경우 100년이 넘는 역사를 지니고 있다. 너무 오래되었기에 기관들이 이미 다 참여한 상태이고, 더 폭발적인 기관의 참여를 기대하기 어렵다. 반면 비트코인은 예전보다는 기관의 참

| 현대제철 월봉 차트 |

| 포스코 월봉 차트 |

| 솔본 월봉 차트 |

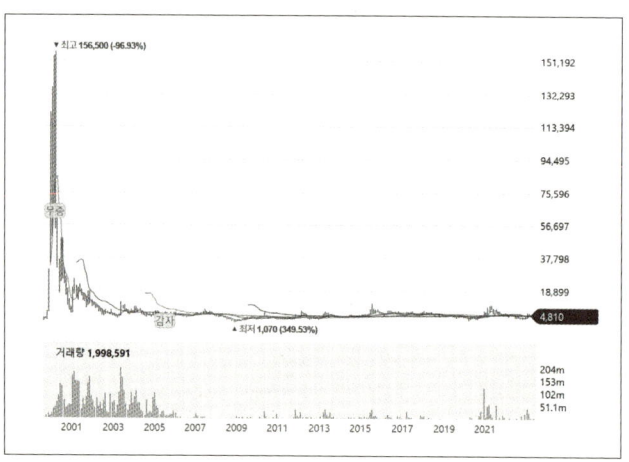

출처 : 네이버증권

여가 늘었다지만 아직까지 주식에 비해 개인의 비중이 압도적으로 높다.

특히 주식 거래에서 기관이 많이 매수하는 ETF 상품이 비트코인의 경우에는 매우 적다. 또는 비트코인 거래 자체를 금지하는 국가도 몇몇 있다. 비트코인의 경우 전 세계가 동일한 종목을 매수할 수 있기 때문에, 앞으로 EIF 상품이 전 세계 여러 나라에서 점점 창설되고 현재 암호화폐 거래를 금지하고 있는 국가들이 태도를 바꾼다면 엄청난 자금이 관련 상품 거래에 투여될 것이다. 따라서 앞으로 상승할 기회 여력이 주식에 비해서 무궁무진하다.

부동산 투자와의 비교

다음으로는 부동산과 비트코인을 투자 관점에서 비교해보겠다. 부동산은 전통적인 투자방법으로서 가장 규모가 큰 투자처 중 한 곳이다. 반면 비트코인은 비교적 최근에 새로운 투자처로 각광받은 잠재성이 큰 투자처다.

사람들이 비트코인으로 눈을 돌리는 주된 이유 중 하나는 디지털 통화의 탈중앙화 특성이다. 제3자에게 의존해야 하는 부동산과 달리 비트코인은 탈중앙화되어 특정 개인이나 기업에 의해 통제되지 않는다. 비트코인을 사용하면 단일 기관에 의존하지 않고 스스로가 은행과 같은 금융기관이 될 수 있다. 비트코인은 금융위기 때 자주 발생하는 부동산 임차인의 임대료 미납, 임대인의 보증금 손실과 같은 위험성이 전혀 없다.

부동산 투자에는 시장과 관련된 위험이 상단히 많이 존재한다. 많은 투자자들이 2007년 미국발 금융위기 폭락으로 여전히 상처를 입고 있으며, 여전히 부동산 거품의 징후를 많은 전문가들이 지적하고 있다. 비트코인은 훨씬 더 변동성이 큰 투자이지만, 더 높은 수익 가능성이 있다. 비트코인에서는 쉽게 볼 수 있는 전년 대비 두 자릿수 상승률을 부동산 시장에서는 거의 볼 수 없다.

부동산은 유동성이 매우 낮지만 비트코인을 사용하면 거의 즉각적이다. 언제 어디서나 쉽게 토큰을 거래할 수 있다. 그 밖에도 부동산에는 구매, 판매 및 임대와 관련해 관료적인 귀찮은 프로세스가 많이 있으며, 이에 따라 각종 수수료도 많이 발생한다. 하지만 비트코인에서는 이러한 것들이 전혀 발생하지 않는다. 특히 긴급 상황에서 투자금을 현금화해야 하는 경우 비트코인을 사용하는 것이 훨씬 쉽다. 부동산은 원하는 가격으로 판매되기까지 몇 개월이 걸릴 것이다.

부동산 구매에는 비싼 거래 및 유지 비용이 필요하다. 부동산 투자자들은 조사 수수료, 감정 수수료, 보험, 재산세, 마감 비용 등 연중 다양한 수수료를 지불해야 한다. 또한 때때로 부동산은 유지 보수 및 수리가 필요하다. 반면 비트코인이나 다른 암호화폐를 구매하려는 경우, 거래소에서 계정을 만들고 돈을 이체하고 주문하면 거의 즉시 처리된다.

《부자 아빠 가난한 아빠》의 저자 로버트 기요사키는 예전부터 부동산, 금, 은 보유를 주장하는 예찬론자이다. 하지만 최근에는 비트코인 보유를 강하게 예상하고 있다. 곧 닥칠 세계경제 붕괴에 따라 달러가 붕괴하고 상업용 부동산 붕괴로 부동산 가격이 폭락한다고 예상하고 있다. 또한 브라질, 러시아, 인도, 중국, 남아프리카공화국으로 구성된 BRICS 신흥국들이 더 이상 달러를 신뢰하지 못하고 대체 통화를 찾고 있기에 비트코인의 가치가 계속 높아질 것이라고 말한다.

기업 분석 소프트웨어 회사 마이크로스트래티지의 설립자이자 회장인 마이클 세일러Michael Saylor는 비트코인을 달러를 헤지할 수 있는 가장 강력한 수단으로 받아들이고 대거 사들이고 있다. 인플레이션에 대한 우려로 법정통화에 대한 신뢰가 떨어지고 이를 헤지하기 위해 비트코인이 필요하다고 주장한다. 또한 급격한 기준금리 인상으로 미국 은행들이 위기에 직면하면서 전통적인 은행 시스템에 대한 믿음이 사라졌고, 이에 비트코인을 대안책으로 제시하고 있다. 부동산과도 비교했는데 건물, 토지 등 전통 자산은 지리적 경계를 넘어 이월하기가 거의 불가능하고 상속, 증여 등 관리 측면에서 비트코인이 훨씬 편리해 비트코인 투자를 선호한다고 밝혔다.

로버트 기요사키, 마이클 세일러 등 유명인들의 조언을 참조할 수 있지만, 투자 포트폴리오는 개인의 위험 감수 성향과 시장의 관점, 지식에 따라 달라질 수 있다. 물론 필자의 시각으로는 비트코인이 주식, 부동산에 비해서 더 기회가 크고 편리한 투자옵션이다. 이 이야기만 듣고 무작정 비트코인이 주식, 부동산보다 좋다고 생각해서 비트코인에 모든 자산을 투자하는 것은 지양해야 한다. 모든 투자에 앞서, 항상 해당 투자처에 대해 충분히 공부한 후 지식을 쌓아야 심적으로 흔들리지 않고 장기간 투자를 할 수 있다.

급변하는 세계정세에 대응할 수 있는 비트코인

러시아-우크라이나 전쟁, 이스라엘-팔레스타인 전쟁, 미-중 무역 갈등, 중국-대만 간의 갈등 등으로 인해 현재 세계정세에는 불안이 가득 차 있다. 디지털 장치, 핵무기가 보편화된 21세기에도 여전히 1900년대 초중반의 전쟁처럼 군대를 동원한 전쟁이 이어지고 있다. 지구 어느 한 곳에서 일어나는 이러한 전쟁들은 면적으로 따지면 국지적이고 작아 보이지만, 이로 인해 세계 경제는 큰 영향을 받는다.

인플레이션이 일어나기 쉬운 세계정세

예를 들어 러시아-우크라이나 전쟁이 발발하면서 에너지와 식량 등 원자재 가격이 상승해 세계 경제에는 유례없는 인플레이션이 닥쳤다. 코로나19 극복을 위한 각국의 재정 확장 정책으로 가뜩이나 물가가 불안한 상황에서 전쟁은 인플레이션에 기름을 부었다.

서방이 우크라이나를 침공한 러시아에 대해 경제 제재를 가하자, 러시아는 이에 반발하며 유럽으로 향하는 천연가스 공급을 중단했다. 그 결과는 세계적인 '에너지 대란'이었다. 천연가스 공급의 40%를 러시아에 의존하던 유럽 국가들이 큰 타격을 입었다. '세계의 곡창지대'라 불리는 우크라이나가 포화에 휩싸이며 식량 가격도 치솟았다. 국제식량정책연구소에 따르면 2018~2020년 기준 전 세계 밀의 3분의 1 이상, 옥수수의 5분의 1가량이 러시아와 우크라이나 지역에서 생산됐다.

이는 가난한 나라들을 더욱 가난하게 만드는 결과를 초래했다. 인플레이션을 잡기 위해 잘사는 나라들이 앞다퉈 금리를 올리면서 중·저소득 국가들의 부채위기가 심화한 것이다. 특히 코로나19 대유행 기간 동안 원조가 줄고 식량 수입 루트가 막히면서 식료품 가격이 폭등하는 등 어려움을 겪었던 아프리카와 중동 국가들은 전쟁 이후 우크라이나에서 값싸게 수입하던 밀을 구하지 못하면서 식량 위기에 더욱 취약해졌다. 밀 소비량의 80%를 러시아와 우크라이나에서 수입했던 이집트의 경우 전쟁 전 5%대였던 물가상승률이 23년 6월 기준 37%까지 치솟은 상황이다.

비교적 최근 발발한 이스라엘-팔레스타인 전쟁은 석유시장에 긴장감을 불러일으키고 있다. 팔레스타인 하마스 무장 세력이 2023년 10월 7일 이스라엘 민간 지역을 공격한 후 주말이 지난 9일 세계 석유 가격은 약 4% 급등했다. 이스라엘은 하루 30만 배럴 이하의 정유공장 두 곳만을 보유한 비교적 소형 산유국이지만, 주요 산유국인 다른 중동 국가들이 인근에 위치한 만큼 그 파급력이 클 것으로 예상되고 있다. 또한 팔레스타인 하마스 세력의 주요 자금 지원국인 이란이 개입하게 되면 그 파장은 엄청날 것으로 예상된다. 미국 에너지정보청(EIA)에 따르면, 이란은 2021년 OPEC에서 5위, 2020년 세계 3위 천연가스 생산국으로 에너지 시장에서 중요한 산유국이다.

이외에도 미국 트럼프 정부 때부터 지속되어온 보호무역, 보복관세로 인한 미-중 무역 갈등과 대만의 완전독립운동에 따른 중국-대만 갈등은 세계정세의 불안에 계속 불을 지피고 있다. 미국이 자국민 우선주의를 펼치며 세계 질서 유지에 충분히 힘을 쏟지 않고 있으며 미국의 국력이 예전만 못하다 보니 세계 각국에서 이권 다툼을 위해 전쟁, 갈등이 지속되는 상태다.

전쟁 상황 속 부상하는 비트코인

이러한 갈등 상황에서 비트코인을 비롯한 암호화폐가 그 가치를 보이고 있다. 전쟁 상황에서 피란 자금, 기부금으로 암호화폐가 손쉽게 사용될 수 있기 때문이다. 전통 금융기관이 제 역할을 하지 못하는 사이, 암호화폐가 숨통을 틔우는 역할을 하고 있다. 실제로 러시아-우크라이나 전쟁으로 인해 은행에서 현금인출이 불가능해지자 우크라이나 난민들은 비트코인 주소를 담고 국경을 넘고 있다. 우크라이나 난민들이 가장 많이 피난처로 삼는 폴란드에는 175개 이상의 비트코인 ATM이 있다. 난민들은 여기서 비트코인을 현금화해 사용할 수 있다. 국경을 초월해 유효하고, 은행이 필요 없고 암호화돼 있어 현금보다 훔치기 훨씬 어렵다는 게 암호화폐의 장점이기 때문이다.

우크라이나 정부는 전쟁이 터지자 암호화폐를 기부금으로 받고 있다. 전쟁으로 은행을 통한 법정화폐 사용에 제약이 있고, 법정화폐로 기부금을 받더라도 전산 장애 등의 여파로 실제로 수취자에게 도착하기까지 수일이 걸린다. 하지만 암호화폐의 세계에선 수 초~몇 분이 걸리기에 기부금을 받기 훨씬 유리하다. 전통적인 금융기관을 이용하면 최대 3일의 시간이 걸리는데 비트코인으로 보내면 10분 이내, 이더리움으로 보내면 12~15초 사이에 끝난다.

전쟁이 일어나면 보통 대표적인 전통적인 안전자산인 미국 국채, 금이 투자 피난처로 떠올라 가격이 급등한다. 물론 최근 전쟁 상황에서도 국채, 금 가격은 치솟았다. 그러나 두 자산 모두 지위가 예전만 못하다. 우선 미국 국채의 경우 국제 신용평가사 피치Fitch가 2023년 8월 미국의 국가신용등급을 'AAA'에서 'AA+'로 강등한 데는 미국의 재정적자 증가 및 채무가 무제한으로 올라가면서 그 지위가 많이 약해진 까

닭이 있다. 초고령사회를 눈앞에 두고 재정을 써야 할 곳은 증가하는데 늘어난 나랏빚 탓에 이자 부담까지 커지면서 미국 정부의 부채상환 능력에 자연스럽게 의심의 시선이 향하는 것이다. 특히 미국과 갈등 상황인 중국의 경우 지속적으로 미국 국채를 매도하고 있다. 2023년 6월 기준으로 중국은 리먼브라더스 사태 직후 정도로 국채 보유량을 줄였다.

금의 경우 코로나19 거품경제 이후 세계 경제가 어려워지자 각국 중앙은행에서는 금을 사재기하면서 전체적인 금 보유량이 늘어났다. 특히 중국을 포함한 각국 중앙은행의 매수세가 거세졌다. 달러화 패권을 흔들려는 중국은 미국 국채를 내다 판 돈으로 금을 집중적으로 사들이고 있다. 중국 국가외환관리국에 따르면 2023년 4월 말 인민은행의 금 보유액은 1,323억 5,000만 달러 규모다. 전월 대비 7억 달러가량 늘었다. 이는 중국이 1979년 금 통계를 낸 이래 최대다. 중국은 2022년 11월부터 6개월 연속해 금 매입을 급격히 늘려왔다. 반면 중국의 미 국채 보유량은 2022년 7월 9,392억 달러에서 2023년 초 8,000억 달러 수준으로 감소했다.

중국만이 아니다. 터키, 우즈베키스탄, 인도, 카타르 등 신흥국 중앙은행의 금 매입이 늘었다. 이는 러시아 자산 동결로 인한 친러 성향, 즉 러시아와 경제적 교류가 있는 국가들의 달러에 대응하기 위한 금 보유 유인으로 해석된다.

전 세계 경제 흐름도 금값 상승을 부추기는 요인이다. 고강도 통화 긴축 여파로 하반기 미국 경제의 역성장 가능성이 높은 가운데 전통 안전자산으로 꼽히는 금에 대한 수요가 올라가는 것이다.

하지만 금의 경우는 달러의 지위가 약해져가는 데 따른 방어용 안전자산의 일종으로 여겨져 단순히 비축 용도로만 쓰일 뿐, 어떠한 실용적인 목적으로 쓰이지는 못하고 있다. 각국 중앙은행들은 금을 사놓고 매매 용도로는 전혀 쓰지 못하고 있다. 금은 위기 때에 손쉽게 팔아서 시장을 활성화할 수 없다. 특히 금의 경우 쪼개기도 어렵고 물리적으로 실물을 보내기도 어렵기 때문에 전쟁 발발 지역에서는 거의 실용성이 없다. 물론 금도 은행을 통해서 실물이 아니라 현금 계좌잔액처럼 사용할 수 있긴 하지만, 전쟁으로 지정학적 위기를 겪는 국가들의 은행이 무용지물이 되면 이마저도 쓸모가 없어진다. 특히 선진국이 아닌 국가의 민간인들이 금을 사는 것은 꿈도 꾸지 못한다.

비트코인의 경우 각국 중앙은행들이 지속적으로 비축하

고 있는 대표적인 자산인 동시에 일반 민간인들도 손쉽게 구매할 수 있는 대중적이고 실용적인 자산이다. 미국 정부는 20만 개가 넘는 비트코인을 보유하고 있으며, 중국 정부도 19만 개가 넘는 비트코인을 보유하고 있다. 초인플레이션을 겪는 아르헨티나, 튀르키예 인들은 이미 자국 화폐보다 비트코인을 선호하고 있다. 전쟁으로 인해 세계로부터 각종 제재를 받고 있는 러시아는 자국 화폐의 가치 하락에 대한 대응으로 비트코인을 적극 육성하고 있다. 우크라이나 난민들은 손쉽게 보관 및 전송할 수 있고 세계 어디서나 쓸 수 있는 비트코인을 법정화폐보다 선호하고 있다. 늘어만 가는 국가 부채와 하락하는 국제적 지위로 인해 신뢰를 잃어버린 미국 국채, 위기 때 실용성이 거의 없는 금에 비해 비트코인은 이러한 상황에서 대응책이 될 수 있는 안전자산이자 일반 국민들도 이용할 수 있는 실용적인 유일한 자산이다.

지금 당장 비트코인 투자를 시작하라

투자를 한다고 하면 언제 투자를 시작해야 할지 묻는 사람들이 대다수이다. 그런데 이렇게 묻는 사람들은 대개 투자를 시작하지 못한다. 하락장일 때에는 하락이 두려워서 투자를 하지 못하고 상승장일 때에는 이미 가격이 너무 높아진 게 아닐까 두려워서 투자를 하지 못한다.

사실 하락장과 상승장 중 언제 투자를 해야 하는지 이분법적으로 질문을 한다면 상승장보다는 하락장이 투자하기 좋다. 이른바 '공포에 매수하는 전략'으로 상대적으로 가격이 저렴해졌을 때 투자를 하고 가격이 고평가되었을 때 어느 정도 매도하는 게 현명하다. 하지만 문제는 과연 내가 산 가격이 저점일지, 아니면 더 떨어질지 아무도 모른다는 사실이다. 그리고 비트코인은 비교적 상승장과 하락장이 연속적으로 길게 유지되기에 하락장이 한번 시작되면 바닥이 어디까지인지 모를 정도로 계속 떨어지는 경향이 있다.

물론 그동안의 데이터에 따르면 직전 반감기 1년 이후 전고점 대비 약 80%가량 조정된 가격이 저점이긴 했지만, 실제로 80%가량 조정된 가격에 용감하게 투자를 할 수 있는 사람은 많지 않다. 필자도 실제로 2023년 1월에 비트코인 가격이 2021년 11월 전고점에 비해 거의 80% 가까이 조정된 2,000만 원대 초반이 되었을 때, 추가 매수를 해야겠다고 머리로는 생각을 했지만 실천에 옮기지는 못했다. 혹시라도 1,000만 원대로 가격이 떨어질 수도 있다는 생각에 쉽게 행동으로 실천하기가 어려웠던 것이다.

또는 상승장에 주로 하는 방법으로 단타 또는 초단타 매매가 있다. 반감기 이후 상승장이 본격적으로 오고 대중들이 알트코인 투자에 관심을 갖게 되고 뉴스에 암호화폐 관련한 내용이 자주 보도되기 시작하면, 이른바 '거품'이 생긴다. 이때 거래량이 폭발적으로 증가하면서 단타꾼들이 몰려든다.

상승장에 단타 거래를 통해 꽤 많은 돈을 벌었다는 경험담, 유튜브 강의, 책 등이 꽤 많이 있다.

물론 필자도 해당 내용들을 모두 보았다. 주로 차트분석을 통해 거래를 하는 방법이다. 실제로 1억이 안 되는 자본금으로 단타를 통해 몇 달 만에 수십억을 번 사람들이 꽤 많다. 이런 단타를 통한 수익창출은 비트코인보다는 시총이 작은 알트코인으로 해야 하며, 해당 코인의 가치보다는 단순히 차트분석과 거래량을 통해서 적당한 시점에 돈을 넣고 적당한 시점에 돈을 빼는 방식으로 돈을 벌어야 한다.

문제는 이 방법은 반감기 이후 폭발적으로 비트코인 가격과 거래량이 증가하는 몇 달간에만 가능한 방법이며, 단타로 돈을 버는 사람이 많아 보이지만 반대로 단타로 돈을 잃는 사람도 많다는 사실이다. 차트를 하루 종일 쳐다보며 눈치 싸움을 잘하는 사람들은 돈을 벌겠지만, 반대로 눈치 싸움을 못하는 사람들은 돈을 잃는다. 또한 하루 종일 차트만 보아야 하기 때문에 일상생활에 집중하기 어렵다.

비트코인, 적립식 투자가 정답이다

필자가 권유하는 방법은 적립식으로 투자하는 방법이다. 소득의 일부(예를 들어 10%)로 매달 비트코인을 매수하는 방법이다. 알트코인보다는 비트코인을 사야 하며, 알트코인을 사고 싶다면 비트코인을 가장 비중 높게 사고 1세대 알트코인 위주로 소량 매수해야 한다. 알트코인은 사실상 이더리움 정도를 제외하고는 반감기 이후 대상승장이 왔을 때에만 급격하게 가격이 상승하고 이후에는 급격하게 하락하는 경우가 대다수이다. 또한 비트코인이 반감기를 거치면서 직전 전고점을 항상 돌파했지만 알트코인들 중 상당수는 비트코인 대상승장이 와도 직전 전고점을 돌파하지 못하는 경우가 많다.

마지막으로 비트코인을 적립식으로 매달 30만 원씩 약 4년간 꾸준하게 적립식으로 매수를 했을 경우, 몇 개월 잠깐 매수한 경우, 일시에 1회성으로 큰 금액을 매수한 경우를 비교해보며 적립식 투자의 이점을 밝히겠다. 해당 내용은 톡큰 커뮤니티Talken Community 2021년 8월 28일 글을 참조했다. 다음 반감기인 2024년 이후에도 비슷한 상승장 패턴이 발생할 것이라는 가정 아래, 해당 내용을 보고 하루라도 빨리 적립

| 비트코인 투자 방식에 따른 수익률 비교 |

(단위: 천원, 개)

투자시기	월말종가	투자자 1		투자자 2		투자자 3		투자자 4	
		투자액	BTC	투자액	BTC	투자액	BTC	투자액	BTC
2017년 9월	4,895	300	0.061						
10월	7,422	300	0.040						
11월	11,935	300	0.025						
12월	19,280	300	0.016						
2018년 1월	11,429	300	0.026						
2월	11,860	300	0.025						
3월	7,697	300	0.039						
4월	10,138	300	0.030						
5월	8,282	300	0.036						
6월	7,164	300	0.042						
7월	8,800	300	0.034						
8월	7,865	300	0.038						
9월	7,393	300	0.041						
10월	7,162	300	0.042						
11월	4,565	300	0.066						
12월	4,200	300	0.071						
2019년 1월	3,775	300	0.079			14,100	3.735		
2월	4,240	300	0.071						
3월	4,661	300	0.064						
4월	6,117	300	0.049						
5월	10,383	300	0.029						
6월	13,598	300	0.022						
7월	11,957	300	0.025						
8월	11,612	300	0.026						
9월	9,945	300	0.030						
10월	10,692	300	0.028						
11월	8,838	300	0.034						
12월	8,312	300	0.036						
2020년 1월	10,781	300	0.028	300	0.028				
2월	10,374	300	0.029	300	0.029				
3월	7,799	300	0.038	300	0.038				
4월	10,477	300	0.029	300	0.029				
5월	11,432	300	0.026	300	0.026				
6월	10,903	300	0.028	300	0.028				
7월	13,416	300	0.022	300	0.022				
8월	13,739	300	0.022	300	0.022				
9월	12,558	300	0.024	300	0.024				
10월	15,606	300	0.019	300	0.019				
11월	21,315	300	0.014	300	0.014				
12월	32,042	300	0.009	300	0.009				
2021년 1월	36,408	300	0.008	300	0.008				
2월	51,798	300	0.006	300	0.006				
3월	71,513	300	0.004	300	0.004			14,100	0.197
4월	67,939	300	0.004	300	0.004				
5월	43,761	300	0.007	300	0.007				
6월	40,674	300	0.007	300	0.007				
7월	47,979	300	0.006	300	0.006				
투자액 계		14,100	1.458	5,700	0.331	14,100	3.735	14,100	0.197
현재 자산		69,940		15,904		179,206		9,460	
투자수익액		55,840		10,204		165,106		−4,640	
투자수익률		396.0%		179.0%		1171.0%		−32.9%	

식 투자를 할 것을 권한다.

1) '투자자1'의 전략과 결과

- '투자자1'은 평소 '적립식 투자'의 성공원칙을 잘 알고 있었으며, 동시에 '비트코인'의 가치를 깊이 있게 이해하고 있다.
- '투자자1'은 직장에서 받은 월급의 일정액을 적금을 붓거나 주식투자를 하지 않고, 매월 30만 원씩 매월 종가로 '비트코인'을 매수하기로 한다.
- '투자자1'은 2017년 9월부터 2021년 7월까지 총 투자금 1,410만 원 대비 현재 자산이 약 7,000만 원이 되었다. (수익액 5,600만 원 / 수익률 396%).

2) '투자자2'의 전략과 결과

- '투자자2'는 더욱 더 신중한 스타일이라서 '암호화폐' 시장을 계속 지켜보고, 공부를 지속하다가 드디어 확신이 들어 2020년부터 '비트코인'에 투자하기로 결심한다. 또한 반감기가 2020년부터 봄경부터 시작된다고 들었기에 더욱 확신이 들었다.

- '투자자2'도 또한 매월 30만 원씩 '적립식'으로 투자하기로 전략을 세운다.
- '투자자2'는 2020년 1월부터 2021년 7월까지 총 투자금 570만 원 대비 자산이 1,600만 원이 되었다(수익액 1,000만 원 / 수익률 179%).

3) '투자자3'의 전략과 결과
- '투자자3'은 '투자의 신'이라 불리는 사람이다.
- 그는 비트코인을 늦게 알게 되었지만 그 가치를 알아보고 비트코인이 조정을 보이고 최저 바닥이 되기를 기다린다.
- 그리고 2019년 1월 370만 원의 바닥이 완성되었을 때 단 한 번의 매수를 끝내고 '존버'한다.
- 이 '투자의 신'의 총 투자금은 1,400만 원, 2021년 7월 자산은 1억 7,900만 원이다(수익액 1억 6,500만 원/수익률 1,171%).

4) '투자자4'의 전략과 결과
- '투자자4'는 '묻지마 투자자'이다.

- 이 사람은 2021년 초 비트코인이 대상승을 시작했을 때 분위기에 휩싸여, 뭔가 안 하면 남들보다 뒤처지는 것 같아서, 묻지도 따지지도 않고 '비트코인'이 뭔지도 모르면서 최고가에 투자금 모두를 투여한다.
- 이 '묻지마 투자자'의 총 투자금은 1,400만 원, 2021년 7월 자산은 950만 원이다(수익액 -450만 원/수익률 -33%).

대부분의 개인투자자들은 투자자4 유형이다. 투자자4 유형은 대중들이 암호화폐 투자에 열광하고 가격에 거품이 생겼을 때 목돈을 '몰빵'한다. 더 안 좋은 경우는 빚을 내서 투자를 하는 경우다. 빚을 내서 투자를 하면 손실이 났을 때 이른바 '존버'를 할 수도 없다. 원금을 갚아야 하기 때문이다. 투자자3 유형은 사실상 운에 의존해야 하며 인간이 아무리 데이터에 근거해서 분석을 해도 정확한 저점을 과학적으로 찾기는 거의 불가능하다.

투자자1과 투자자2가 적립식 투자를 한 사람들이며, 적립식 투자를 했을 때 꽤 큰 수익을 거둘 수 있었다. 특히 더 긴 시간을 적립식으로 투자한 투자자1이 수익률도 더 좋았으며, 누적 투자금액이 더 컸기에 수익 금액도 훨씬 컸다. 과학적인 저점을 찾을 필요도 없으며 하루 종일 차트만 바라보며 눈치 싸움을 할 필요도 없다. 그냥 매달 같은 날 같은 금액을 장기적으로 구매하면 된다. 장기적이라는 기간도 반감기 주기인 4년 정도밖에 안 된다. 누구나 할 수 있는 방법이며, 예시에서는 원금 대비 5배가량의 자산을 모을 정도로 엄청난 수익률을 자랑한다.

독자들도 더 이상 우물쭈물하지 말아야 한다. 투자를 시작할까 말까 우물쭈물하면서 소중한 시간을 낭비하지 말라. 그리고 일정 금액 투자를 시작하면 4년 이상의 시간을 생각하고 계속 투자하라. 어떠한 힘든 일이 있어도 항상 투자할 수 있을 정도의 금액을 투자해야 한다. 당신이 4년 후 큰 수익을 거두는 데 이 책이 길잡이 역할을 해주리라 믿는다.

사진 출처

15쪽 https://www.edaily.co.kr/news/read?newsId=02348486625900120&mediaCodeNo=E

17쪽 http://www.atlasnews.co.kr/news/articleView.html?idxno=3146

25쪽 Chinese_shell_money_16th_8th_century_BC by Japan Currency Museum, CC BY https://commons.wikimedia.org/wiki/File:Chinese_shell_money_16th_8th_century_BCE.jpg

38쪽 앙드레 코스톨라니, 《돈 뜨겁게 사랑하고 차갑게 다루어라》 (미래의 창, 2023), 169쪽 참조

46쪽 source: Shutterstock

49쪽 source: Shutterstock

106쪽 https://codedragon.tistory.com/13506

126쪽 https://blog.naver.com/715fas?Redirect=Log&logNo=221186488197

128쪽 https://blog.naver.com/715fas?Redirect=Log&logNo=221186488197

지은이 **서대호**

한양대 정보시스템학과를 졸업하고 한양대 산업공학과에서 석사 학위를 받았다. 이후 한국과학기술원, 모비젠, 한국전자기술연구원에서 연구원으로 일했으며 연세대학교 정보대학원 박사과정을 수료했다. 현재 AI 기업 다겸(주)의 대표이사로 재직하고 있다. 4차 산업 기술 관련한 도서 및 자기계발 서적을 다수 집필하였고 칼럼니스트로도 활동 중이다.
지은 책으로는 《잡아라! 텍스트 마이닝 with 파이썬》, 《1년 안에 AI 빅데이터 전문가가 되는 법》 등이 있다.

종이화폐에서 탈출하라

1판 1쇄 인쇄 2023년 11월 20일
1판 1쇄 발행 2023년 12월 1일

지은이 서대호

펴낸이 김동식
펴낸곳 반니
주소 서울시 강남구 영동대로 502, 5층
전화 02-6240-6720
출판등록 2006년 12월 18일(제2023-000051호)

ISBN 979-11-6796-150-1 03320

책값은 뒤표지에 있습니다.
잘못된 책은 구입하신 곳에서 교환해드립니다.